# 돈 되는 소액 땅 투자 바이블

초판 인쇄 2022년 7월 1일
초판 발행 2022년 7월 7일

지은이    이승주

펴낸이    채규선
편집      장지우
디자인    이지민

총괄이사  나영란
펴낸곳    세종미디어(등록번호 제2012-000134, 등록일자 2012.08.02)
주소      경기도 고양시 덕양구 화정동 1141
전화      070-4115-8860
팩스      031-978-2692
이메일    sejongph8@daum.net

ISBN  978-89-94485-51-5 (03320)
값 18,000 원

# 돈 되는 소액 땅투자 바이블

이승주 지음

세종
MEDIA

# 더는 물러날 곳이 없었다
# 성공이 간절했다

나는 '자수성가 공부방'의 대표다. 하루 3시간 투자로 자수성가 부자가 되는 방법을 가르치고 있다. 내가 가르치는 건 스무 살의 나에게 가장 알려주고 싶은 노하우다. 이 방법을 부자가 되겠다고 도전하던 스무 살 때 알았더라면 어땠을까 하는 생각을 하곤 한다. 이렇게 쉬운 것을 그때는 왜 그렇게 어렵게 돌아갔던 것일까……. 애잔한 마음이 들기도 한다.

지금 가진 것이 '부자가 되고 싶은 열정'밖에 없는 사람이라도 좋다. 얼마든지 성공할 수 있다. 내가 성공하는 방법을 알려줄 테니, '자수성가 공부방'을 검색한 뒤 무료 가입하여 공부를 시작하면 된다.

나는 가끔 이런 생각을 한다. 만약 스무 살 때로 돌아가서 '자수성가 공부방'을 알았더라면 어땠을까? 자세한 방법까지는 바라지 않고, 방향이라도 알려주는 멘토를 만났더라면 더 쉽게 가지 않았을까?

나는 가난한 집에 태어나서 부자가 되기 위해 10대 때부터 공부를 했다. 그리고 스무 살 때부터 창업과 재테크를 시작했으며, 길거리 노점, 지하철 노점, 푸드트럭, 쇼핑몰 창업, 부동산, 금융 관련업 등 정말 안 해본 일이 없다고 할 정도로 많은 직업을 거쳤다. 그렇게 많은 직업을 거쳤던 이유는 내가 끈기가 없어서라기보다는 하루라도 빨리 부자가 되고 싶었기 때문이다. 나는 머물러 있을 수가 없었다. 그래서일까? 나는 평범한 인생보다 조금 더 특별했던 것 같다.

스무 살에는 밥이 없어서 굶을 때도 있었고, 조금 상황이 나아져서 거의 2년 가까이 라면으로 삼시 세끼를 때울 때도 있었다. 365일을 일과 공부만 하며 살았다. 고시원에서 새벽까지 공부하다가 가끔 사무치는 외로움을 느낄 때면 가장 저렴하면서 그나마 덜 독한 막걸리 한 병을 사 마시며 울기도 했다.

아무것도 가진 것이 없는 사람이 자수성가하여 부자가 되는 길, 이 길에 도전하는 것이 얼마나 힘든지 나는 누구보다 잘 알기 때문에 이런 분들을 돕고 싶었다. 그래서 이 책을 집필하게 되었다.

미리 밝히지만 나는 아직 부자는 아니다. 다만 나의 15년간의 자수성가 공부 지식, 10년간의 창업 및 투자 노하우와 경험을 담은 이 책이 당신에게 큰 도움이 될 것이라 확신한다.

가진 것은 열정밖에 없던, 겨우 월 100만 원 간신히 벌던 스무 살의 청년이 어떻게 10년만에 월 1억 원 이상의 수익을 내게 되었는지 궁금하다면 이 책에 집중하기를 바란다. 또한 '초보에겐 생소한 단어 풀이'가 본문 뒤에 Tip으로 실려 있으니 책을 보다가 생소한 단어가 나오면 적극 활용하기 바란다.

　그리고 또 다른 책《내 안의 요술램프를 깨워라; 22살 고졸 흙수저의 억대 연봉 성공 스토리》까지 읽고 '자수성가 공부방'을 방문하길 바란다. '자수성가 공부방'은 도전할 수 있는 용기가 있는 자들에게 항상 열려있다.

　나는 분명하게 말할 수 있다. 하루 3시간 투자로 자수성가 부자가 되는 것이 가능하다. 나와 함께한다면 말이다.

자수성가 공부방 소장 **이승주**

차례

## 초보도 돈 버는 땅 투자 노하우 Ⅰ

## 초보도 돈 버는 땅 투자 노하우 Ⅱ

# V 땅 투자가 답이다

 # VI 초보자의 Q&A 23

 # TIP

# I

# 자수성가의
# 지름길

# 01

## 자수성가 부자가 되는 길

　어린 시절 나의 꿈은 자수성가 부자가 되는 것이었다. 먹고 싶은 것 맘껏 먹고, 입고 싶은 것 입고, 내가 사랑하는 사람들에게 해주고 싶은 것이 참 많았다. 하지만 어떤 일을 해야 돈을 벌어 부자가 되는지 알 수가 없었다. 누구든 그것을 알려주는 사람이 없었기 때문에 참으로 많은 시간을 낭비해야만 했다. 돈은 다시 벌면 되지만 지나간 시간은 되돌리지 못한다는 것을 나는 서른 즈음에 깨닫게 되었다.

　10년을 낭비했다고 나는 분명하게 말할 수 있다. 이 책을 집어든 여러분의 꿈이 자수성가 부자라고 한다면, 이 책의 마지막 페이지를 넘길 때 즈음에는 부자가 되기 위해서 무엇을 해야 하는지 확실해질 것이다. 그리고 내가 낭비했던 10년, 여러분은 적어도 그 시간을 아낄 수 있을 것이다. 이 책은 단순히 토지 투자뿐만 아니라 일반적으로 접하기 힘든 재테크에 관해서도 다루려고 한다. 이 책을 집중해서 끝까지 읽는다면 토지 투자뿐만 아니라 경제에 관해 남다른 경험이 생길 것이다.

나는 가끔 이런 생각을 하곤 했다. '나에게 제대로 된 방향을 알려주는 멘토가 있다면 어땠을까?' 어린 시절 주변 지인들에게서 나는 자수성가 부자로 성공할 방법은커녕 꿈을 이루기 위한 제대로 된 방향조차 알려주는 사람이 없었다. 내가 원치 않는 동네에서 살아야 했고, 원치 않는 사람들과 인연을 맺어야 했다. 그들은 성공해 본 적도 없고, 꿈을 향해 나아가는 도전조차 해본 적이 없는 사람들이었기 때문에 나에게 힘이 되는 조언은커녕 내 꿈에 관해 비아냥거리고 부정적인 기운을 줄 뿐이었다.

스무 살 성인이 되기 전에는 인연을 내가 마음대로 정하기란 힘든 일이다. '왜 나에게는 꿈을 지지해주는 주변 사람이 아무도 없는 것일까?'라고 생각하며 세상을 원망하곤 했다. 운명은 정해진 것이 아니라 만들어가는 것인데 어린 나이에는 그것을 몰랐다.

많은 사람이 일확천금을 꿈꾸며 복권을 구입한다. 스무 살의 나도 그랬다. 돈 버는 방법을 몰랐기 때문에 만에 하나 있을지도 모르는 행운의 주인공이 되고자 매주 로또 복권을 샀다. 하지만 사업과 재테크를 하면서부터 복권을 사지 않는다. 복권값이 아깝다기보다 복권의 당첨 여부 확인을 위해 기다리는 시간과 매주 복권을 사야 하는 수고스러움 싫어서이다. 이것은 내가 게을러서라기보다는 이 시간에 내가 할 수 있는 더욱 생산적인 일들을 포기해야만 하는 기회비용 때문이다. 확실한 것에 투자할 수 있는 소중한 시간을 일확천금이라는 이름의 불확실함에 투자할 수는 없다.

토지 투자도 그렇다. 생각보다 많은 투자자는 안타깝게도 토지 투자를 마치 복권 사듯이 임하지만 철저한 사전 조사를 통해 실지 토지의 가치를 미리 계산해보고 투자 여부를 따져야 한다. 그것도 투자자 입장에서 토지를 바라볼 것이 아니라 토지의 최종 사용자 입장에서 생각해야 한다. '이 토지는 누가 사려고 할까? 어떤 용도로 사용하기 위해 구매를 하는 것일까?' 곰곰이 따져 보아야 한다. 이런 것을 따지지 않고 단순히 주변 지인들이 좋다고 하니까 덥석 투자하여 '부동산 사기'의 덫에 걸려드는 것이다.

토지 투자는 장기에 걸쳐 투자 수익을 내는 방법과 단기에 빠르게 투자 수익을 내는 방법으로 나뉜다. 일반적으로 토지 투자는 수익을 내기까지 오랜 기간을 기다려야 한다고 생각을 하는데 짧으면 몇 개월 만에도 수익을 낼 수 있다. 이는 구매한 토지를 개발하기 때문이다. 단기투자 방식으로는 토지를 산 뒤 개발 행위 허가를 받아 토목공사를 하여 1년이 지난 시점에 판매하여 빠르게 투자 수익을 올릴 수 있다. 다만 장기투자 방식에 비해 시간과 노력이 더욱 많이 든다는 단점을 잊지 말아야 한다.

　장기투자 방식은 투자하는 토지의 입지, 용도, 개발 호재, 규제 등을 미리 분석·예측하여 투자하는 방식으로 초기 분석, 임장 작업 외에는 별도의 시간이 들지 않는다는 장점이 있다. 다만 직접 개발하는 것이 아니므로 투자 수익 기간을 단정할 수 없다.

　나는 토지 투자에 있어서 단기투자 방식보다는 장기투자 방식을 선택해왔다. 이는 1년째에 토지를 매도함으로써 추가로 부과되는 양도소득세는 그렇다 치더라도 단기투자 방식은 직접 개발해야 가능하므로 그 시간과 노력을 생각한다면, 이것은 투자가 아닌 사업의 영역이 되는 것이므로 나는 장기투자 방식을 선호했다.

　2009년 4월 20일에 우리 회사를 통해 신○○이라는 투자자는 이천시 부발읍 가좌리에 위치한 토지 36평을 2,280만 원에 지분으로 매입하였고, 2017년 12월 29일에 그것을 9,300만 원에 매도했다. 8년여 만에 원금을 제하고도 시세 차익 7,020만 원을 번 것이다. 이 투자자는 별다른 노력이나 시간 투자 없이 매년 투자수익률을 50%씩 꾸준히 올린 셈이다. 이렇게 별도 시간이나 정신적인 소모를 하지 않고 얻은 50%의 수익률이 직접 토지 개발을 해서 단기적으로 얻은 100%의 수익률보다 훨씬 나았다. 물론 이는 투자자마다 투자 형태를 달리해야 하므로 모든 이에게 적용되는 말은 아니다. 미리 밝히지만 나는 투자자이기도 하지만 사업가이며, 투자에 있어서 많은 시간을 쏟기 싫어하는 스타일이다. 그래서 장기투자 방식을 택한 것이다.

그리고 다른 투자자 김○○은 같은 위치의 땅 500평을 매입한 후 팔아서 8년여 만에 7억 5,300만 원의 시세 차익을 올릴 수 있었다. 이것이 토지 투자의 묘미 아닐까? 단순히 토지를 구입했을 뿐인데 시간이 지나고 보니 수익이 발생한 것이다.

〈2008년 경기도 이천시 부발읍 가좌리 57번지〉　〈2020년 현재 경기도 이천시 부발읍 가좌리 57번지〉

사실 앞의 사례보다 훨씬 더 많은 투자자가 우리 회사를 통해 수익을 내고 있다. 물론 앞서 설명했듯이 사람에 따라 처한 상황이나 소득 등이 다르므로 재테크 방법 또한 달라져야 한다. 그래서 투자를 고민하는 여러분은 공부도 해야 하지만 전문가와 상담할 것을 권한다.

실제로 나를 찾아온 20대 무직자 청년 7명 중 6명이 2~3개월 만에 현금 2,000만 원을 마련했고, 대학교를 졸업한 취준생을 며칠 가르쳐 매달 100만 원의 추가소득을 만들어주기도 했다. 100만 원이 그리 큰 수입이 아닐 수 있지만, 실제로 한 달에 며칠만 일하면 들어오는 수입이었다. 그러니 취업할 경우 받게 될 월급에 100만 원이 더 얹어지는 것이고, 연봉으로 따지자면 1,200만 원은 더 벌게 되는 셈이다. 또 대기업을 퇴사하고 나를 찾아온 30대 남성은 며칠 교육을 받고는 월 300만 원의 소득을 얻게 되었다. 이분은 월급 150만 원의 직장에 들어가더라도 450만 원이라는 월 소득을 갖게 된다. 나는 다른 재테크도 잘하는 편인데, 내가 운영하는 '자수성가 공부방'의 무료 특강을 신청하면 연수익률 120% 재테크의 비밀까지도 알 수 있게 될 것이다.

〈자수성가 공부방 교육 후기〉

나는 부동산을 접하기 전에도 정말 많은 재테크 수단을 통해 실제로 돈을 벌었다. 다만 이렇게 오랜 기간 재테크를 해보니, 재테크의 핵심에 대해 깨닫는 부분이 있었다. 그것은 바로 재테크는 종잣돈의 크고 작음에 따라 그 성과가 천차만별이 된다는 것이다. 쉽게 말해 종잣돈이 작으면 아무리 굴려봐야 부자가 될 수 없다. 나는 이러한 사실을 알고 있었다. 그래서 재테크에 앞서서 사업으로 먼저 돈을 벌었다. 그리고 최대한 원금이 안전하고, 수익 가능성이 크고, 시간이 가장 적게 드는 투자처를 고민했다. 역시나 부동산이었다. 부동산 중에서도 토지가 가장 이상적인 투자처였다. 앞서 언급한 안전한 원금과 수익, 짧은 시간이라는 요건을 모두 갖춘 투자처가 토지였기 때문이다.

　요즘 토지 투자만큼 저평가된 투자처가 또 있을까? 오히려 이러한 인식 때문에 더욱 토지 투자가 쉬운 것인지도 모른다. 토지 투자를 접해보지 않은 사람에게 토지 투자는 수익을 보기까지 오래 걸리고 돈이 묶인다고 생각을 한다. 하지만 투자 방식에 따라 다르고, 어떤 땅인지에 따라 다를 뿐이다. 쉽게 말해서 주식도 빨리 시세 차익을 볼 수 있는 주식, 10년이 지나도 안 되는 주식, 휴짓조각이 되어버린 주식 등 많지 않은가? 부끄러운 이야기를 하자면 나 또한 20대 초반에 투자했던 주식이 휴짓조각이 된 쓰라린 기억이 있다. 이처럼 토지 투자라고 해서 수익화하기까지 오래 걸리는 것이 아니라는 것을 말하고 싶다.

이 책의 주제가 토지 투자이기 때문도 아니고, 내가 부동산업을 하고 있어서도 아니지만 나는 자수성가 부자가 되기를 꿈꾸는 여러분에게 부동산 투자만이 답이라고 말하고 싶다. 나는 가상화폐도 해보았고, 주식도 해보았으나 나에게 가장 잘 맞는 것은 부동산 투자였다. 부동산 투자가 단순히 수익을 많이 내주었기 때문이 아니다. 수익률 대비 투자된 시간, 원금손실 위험성, 수익 가능성 등을 놓고 보았을 때 부동산만큼 좋은 투자처가 없기 때문이다. 부동산은 당장에 시세 차익을 보지 못한들 그 자체로 가치가 있으며, 수익 가능성이 매우 크고, 또 토지의 경우 찍어낼 수 없으므로 애초에 잘못 사지 않은 이상 가격이 오를 수밖에 없는 구조다.

좋은 위치의 부동산에 투자했다면 그 가치는 보장된다. 부동산 투자 자체가 훌륭한 재테크이다. 나는 토지 투자를 선택한 여러분이 현명하다고 생각한다. 건물 투자는 따지고 보면 그 건물의 위치가 어디인지에 따라 가치가 정해지기 때문이다. 아무리 비싼 강남의 건물이라고 할지라도 직접 갈 수도 없는 무인도에 있다고 하면 그 가치가 어떠할까? 누가 사려고나 할까? 돈이 넘쳐나는 사람이라면 모르겠다. 부동산 공부를 어느 정도 한 사람이라면 절대 그런 건물에 투자하지 않을 것이다. 반대로 건물이라고 칠 수도 없는 천막이라고 할지라도 강남 한복판에 있다면 그 가치는 어떤가? 적어도 무인도에 들어선 호화스러운 건물보다 훨씬 더 비싼 값을 받을 것이다. 그렇다. 부동산 투자는 결국 토지 투자를 하는 것이며, 나는 이러한 사실을 알기 때문에 토지 투자에 먼저 도전했다.

성공한 사람들은 말한다. '부자가 되려면 사업이나 부동산 투자를 하라.'고. 나는 이 말에 깊은 공감을 한다. 연 투자수익률 100%를 안정적으로 넘기는 투자 고수들마저도 찾는 투자처가 바로 부동산임은 틀림이 없다. 시간이 거의 들지 않으면서 높은 수익 가능성을 가지는 아주 매력적인 투자처이기 때문이다. 더욱이 사업을 하느라 바쁜 사람에게 부동산 투자는 투자자로 하여금 날개를 달아준다. 바쁜 일상 속에서도 부동산은 내가 자는 동안에도 돈을 벌어 주기 때문이다.

정말 그렇다. 사업으로 월 1억 원 정도의 수익을 올리고 있어도 자수성가 부자가 되려면 사업만 잘해서 되는 것이 아니고 결국은 제대로 된 부동산이 있어야 자산을 유지할 수 있다는 것을 느낀다. 부자가 되고 싶은 사람일수록 부동산 투자는 꼭 해야 한다.

# 젊은 사업가의 깨달음

나의 또 다른 저서 《내 안의 요술램프를 깨워라》에 나오는 이야기를 해보려고 한다. 내가 본업으로 월 1,000만 원 이상을 꾸준히 벌었던 시절의 이야기다. 나는 더 많은 소득을 올리기 위해 부업으로 다른 장사를 시작했다. 그중 하나가 바로 모뎀 장사였다. 나는 5만 원의 중고 모뎀을 사서 18만 원의 모뎀으로 만들어 매달 세후 400만 원의 추가소득을 올렸다. 다 남는 돈이었다. 더욱 중요한 사실은 내가 들인 시간이 그리 많지 않았다는 것이다. 모뎀을 가져와서 모두 팔기까지 10일 정도가 걸렸는데, 그 10일마저도 매일 일한 것이 아니다. 일하는 날엔 1시간도 소요하지 않았다. 그러니 한 달에 10시간도 투자하지 않고 매달 400만 원을 번 것이다.

22세였던 당시 본업으로 업계 1위를 찍었던 나는 항상 불안했다. 업계 1위라고 해봐야 작은 시장이었던 탓에 매달 세후 1,000만 원이 조금 넘는 수준이 한계였다. 노력한다고 해보아야 더는 나아질 기미가 보이지 않았고, 3년이 지나면 시장의 판이 바뀔 것이라 직감하고 있었다. 다른 수익이 될 만한 것을 알아보던 차에 kwd-u2000이라는 모뎀에 관심이 생겼다. 중고가로만 18만 5천 원의 모뎀, 새 상품은 21만 원이 훌쩍 넘었다. 그마저도 없어서 못 사는 실정이었는데, 나는 이 모뎀을 보고 '바로 이거야.'라고 생각되어 팔기로 했다.

알아보니 이 모뎀이 처음 세상에 나왔을 때의 가격이 2만 원대였다는 사실이 놀라웠다. '아니 2만 원짜리가 왜 지금은 중고가 18만 5천 원에도 못 사서 안달인 거지?' 알고 보니 해당 모뎀은 단종되어 이제는 공장에서 생산하지 않는 제품이었다. 그런데 사려는 사람들이 많다 보니 그 가격이 껑충 뛰었던 것이다. 지금 보면 토지 투자와 닮은 곳이 많다. 다시는 찍어낼 수 없는데 찾는 사람은 많으니.

아무튼 그렇게 나는 그 모뎀을 팔기로 작정하고 알아보던 중 신기한 것을 발견했다. 똑같은 모뎀을 어떤 사람은 5만 원, 심지어 3만 원에 팔기도 했다. 좀 더 살펴보니 그 모뎀이 왜 헐값에 팔리는지 알게 되었다. 휴대폰이 그렇듯 모뎀도 유심칩이 있어야 정상적으로 작동을 한다. 그런데 그 유심칩이 없어 사용할 수가 없으므로 헐값에 나온 것이었다.

나는 그래서 싼 모뎀들을 사서 따로 유심칩을 사서 끼워서 되팔면 돈이 되겠다는 생각을 했다. 유심칩이라고 해봐야 얼마 안 할 것이라고 판단되었다. 하지만 단종된 모뎀의 유심칩이라서 그런지 새 상품으로는 대리점, 심지어 본사에서도 구할 수 없었다. 중고로만 구입이 가능했는데 유심칩만 3만 원이었다. 그래도 3만 원에 유심칩을 사서 모뎀에 끼워 개당 13만 원에서 15만 원의 수익을 보고 팔았다. 하지만 시중에 나온 유심칩도 다 떨어지자 나는 또 한참을 고민하다가 엄청난 것을 알게 되었다. 바로 통신사 본사에서 중고 유심칩을 무료로 준다는 것이었다. 물론 전화로 요청을 해야 했다. 하지만 이를 아는 것은 국내에서 내가 유일했으므로 나는 꾸준히 전화하여 유심칩을 받았다. 전화 한 통화만 하면 며칠 내로 우리 집으로 90만 원어치의 유심칩이 무료로 배송되어왔다. 나는 이 유심칩을 개당 3만 원씩에도 팔고, 시중에 나와 있는 10만 원 미만의 모뎀들을 사서, 이렇게 공짜로 얻은 유심칩을 끼워서 대당 18만 5천 원씩에 팔았다. 이 모뎀은 하루에 수십 대씩 팔려나갔다. 그때 당시에는 어디에 쓰는 것인지도 모르고 팔았다. 초기 투자금 100만 원으로 매달 400만 원을 벌게 된 나의 실제 이야기다.

계속되는 저금리 시대, 요즘 현명한 사람들은 이자 0.1%라도 많이 주는 은행을 찾아 나선다. 예금자보호법에 힘입어 조금이라도 이자를 많이 주는 저축은행의 적금까지 알아보는 것은 이제 놀랄

것도 아니다. 하지만 이러한 노력에도 1년 이자율 5%조차 넘기기가 어려운 실정이다. 간혹 이자율 10%에 가까운 적금 상품도 보이지만 그것은 내용을 자세히 보면 저축금액의 한도가 정해져 있다. 쉽게 말해 나는 5천만 원을 적금에 들고 싶은데, 5백만 원까지만 이자 10%를 주겠다는 것이다. 이런 시대이다 보니 많은 이들이 부동산, 주식, 가상화폐까지 투자처를 찾고 있다. 하지만 투자에서는 안전성과 수익성이 매우 중요하고, 이를 모두 충족시키는 것은 부동산이 유일하다는 것을 알 수 있을 것이다. 그런데 어떤가? 일반적인 임대수익률은 꾸준히 10%만 나와도 괜찮은 물건이라고 하는 요즘이다. 이런 시대에 연 투자수익률 100%를 넘기는 것이 있다면 어떨까?

나는 분명히 말할 수 있다. 연 투자수익률 10%도 힘들게 내는 이때 안정적으로 매년 연 투자수익률을 100% 이상 낼 수 있는 투자 고수들이 분명 존재한다고. 내가 실제로 했던 연 투자수익률 100% 이상, 아니 120%를 복리로 냈던 재테크 방법을 하나 공개하도록 하겠다. 이름은 가위바위보 게임기다. 내가 어릴 때 학교 앞 문구점에서 흔히 볼 수 있었던 오락기인데, 1백 원짜리 동전을 넣고 가위바위보에서 이기면 최대 2천 원까지 나왔던 그런 게임기였다. 나는 이 게임기를 선택했고, 저렴하게 들여와서 대당 30만 원에 설치할 수 있었다. 이 게임기의 수익률이 얼마였을까? 뗄 것 다 떼고 매일 꾸준히 1천 원, 한 달이면 3만 원이 나왔다. 1년이면 36만 원, 그러니까 대당 120%의 수익률을 가져다주는 것이었다. 이 통계가 어디에서 나왔을까? 내가 직접 해보았으므로 잘 안다. 누군가 내게 알려줘서 한 것이 아니라 내가 시작부터 끝까지 했기 때문에 이렇게 자세히 알고 있다. 그때 찍어놓았던 사진도 다 가지고 있다. 내가 '자수성가 공부방'에서 매주 진행하는 무료 특강에서 종종 공개하곤 한다.

아무튼 나는 지인들에게 돈을 끌어다가 몇억을 투자하여 진행하고자 했다. 하지만 당시 법에 대해 무지했던 나는 유사수신법이 무서워서 실제로 투자받지 않고 소소하게 내 여유자금으로만 진행했다. 그러다가 이 기계가 불법이 되면서 이것에 대한 투자는 중단했다. 지금은 이것보다 더한 재테크를 알고 있다. 내가 알아낸 최고의 투자처를 앞으로 더 자세하게 소개해볼까 한다.

시간이 지나면서 나는 재테크에 대해서 새로운 시각을 갖게 되었다. 평범한 사람들에 비해 좀 더 돈 버는 기술을 갖고 있다고 자부하던 나였는데 이때 확실한 무언가를 깨달았다.

세상에 투자 좀 한다는 사람들은 공감할 만한 내용일 것이다. 때로는 연 투자수익률 안정적으로 100% 낼 수 있는 투자 고수일수록 찾는 투자처가 바로 토지라는 것을 말이다. 앞에서도 표현한 바가 있지만 부동산 투자는 결국 토지 투자이다. 토지가 있어야 건물이 있고, 어떤 위치의 토지에 세워진 건물이냐에 따라서 건물의 가치도 결정된다. 주식, 가상화폐 등 기존의 다른 투자처는 굳이 논하지 않으려고 한다. 그리고 한번 살펴보라. 지난 50년간 땅값이 어떻게 변해왔는지. '쌀값 50배, 기름값 77배 뛰는 동안 땅값은 3,000배 올랐다.'라는 기사를 우리는 어렵지 않게 찾을 수가 있다. 나는 이때부터 토지에 관해 공부하기 시작했다.

어느 순간부터 나는 부동산의 매력에 흠뻑 빠졌다. 이미 재테크로 어느 정도 수익률을 보던 나에게도 부동산은 신세계와 같았다. 사실 부동산 재테크라는 것이 워낙 그 역사가 오래되고 흔하다 보니 크게 좋은 것이라 생각되지 않았다. 그런데 돈 불리는 것에 관심을 가지다 보니 부동산만 한 투자처가 없다는 것을 느끼게 되었다. 푼돈은 아무리 굴려봐야 푼돈에 불과한데 부동산은 대출까지 껴서 재테크할 수 있으므로 확실한 투자처라고 한다면 충분히 많은 돈을 벌 수가 있을 터였다. 겨우 몇천 가지고도 말이다.

재테크에 관심 있는 사람들이 흔히 말하는 재테크 이론 중에 '지렛대 효과'라는 것이 있다. 레버리지 투자라고 해서 대출을 받아서 투자하는 것을 말한다. 이것은 물론 갭투자도 포함되는 말이다. 내가 정말 천만 원 수준의 소액을 가지고 투자를 한다고 하더라도 대출을 많이 받을 수 있으면 큰 규모의 투자를 해서 고수익을 올릴 수가 있다. 이런 것에 정확히 들어맞는 것이 바로 부동산 투자다. 요즘 같은 인플레이션이 지속되는 저금리 시대에 딱 맞는 재테크 방법인 셈이다. 나는 이때부터 부동산 재테크를 시작해야 할 이유를 갖게 되었다.

# 토지 투자는 운이 아니다

　토지 투자에 있어서는 정확한 정보 파악과 개발 실력, 인맥이 중요하다. 토지 투자는 운으로 하는 것이 아니라는 뜻이다. 복권을 사듯이 막연히 '어떤 땅이든 사두면 오르겠지.'라는 생각은 투자 실패로 이어진다.

　성공적인 토지 투자를 위해서는 개발 호재의 요소 및 용도, 규제, 세금 등의 기초 지식이 있거나 이를 잘 아는 전문가와 함께하거나 투자하고자 하는 지역 토지의 정확한 정보와 시세 파악이 되어 있어야 한다. 더 나아가서는 내가 투자하고자 하는 땅을 매수하여 사용할 사람이 누구인지도 예측해볼 줄 알아야 나중에 땅을 매도할 때 무리가 없다. 그리고 단기투자 방식으로 토지 투자를 할 경우 토지 개발 경험이 있는 전문가들로 팀을 꾸리는 것이 유리한데, 토목 사무실 직원과 토목공사업자, 대출을 도와줄 사람 등이다. 여기서 또 자금이 부족하다면 뜻이 맞는 다른 사람들과 함께 자금을 보태 투자할 수 있다. 무엇보다 지금 현재 어떤 땅이 돈이 되는지, 혹은 좋은 땅이 있을 때 남들보다 나에게 가장 먼저 알려주는 정보원이 있다면 가장 좋다. 우리 '자수성가 공부방'에서도 연회원들에게 이런 정보를 매번 알려주고 있다.

이러한 요소들이 토지 투자로 돈을 벌게 해주지, 운에 맡겨서는 좋은 결과를 얻을 수 없다.

우리는 이미 뉴스를 통해 공공기관 관련자들이 정보를 통해 100억대가 넘는 수익 올린 것을 보고 있다. 나랏일을 하는 사람들이 개인의 이익을 위해 개발정보를 사사로이 투기에 이용한 것은 분명한 잘못이다. 하지만 자신들이 평생 일해도 모을 수 없는 수익의 정보를 가지고 있으니 그 유혹을 이기지 못해 선택했을 것이다. 그들은 정확한 개발정보가 있기에 소위 영끌 대출로 과감히 도전한 것이다. 이는 결국 토지 투자의 성패가 정보에 있다는 것이 증명된 사례이다.

# 부자들은 부동산을 좋아한다

부자들은 대부분 돈이 되는 정보에 관심이 많다. 있는 놈이 더하다는 옛말이 있지 않은가. 사실이다. 그리고 부자들은 부동산 투자를 많이 한다. 지금 당장 주변을 둘러보자. 주식, 가상화폐 등으로 돈을 번 집이 많은지, 부동산으로 돈을 번 집이 많은지 말이다. 실제로 술집 종업원에게 '어떤 사람들이 많이 오고 가장 많은 돈을 쓰는지'를 물어보면, 대부분 '부동산 투자하는 사람들이 돈을 제일 많이 쓴다.'고 답한다.

모르긴 몰라도 부동산은 절대 빠지지 않을 것이다. 실제로 내 주변의 1,000억 부자, 100억 부자들은 모두 부동산으로 성공했거나 사업 실패로 허덕이고 있었을 때 그들이 투자해둔 땅의 시세가 올라 재기에 성공했다.

혹자는 이런 말을 할지도 모르겠다.

"부동산 시장 그거 끝난 지가 언젠데, 이제 인구도 감소해서 폭락할걸?"

인구감소로 인해서 부동산 가격이 내린다는 말도 반은 맞고 반은 틀린 이야기다. 지방이나 대체지역이 힘들어질 뿐이지, 확실한 지역은 여전히 그 값을 유지하고도 남는다. 우리나라의 특성상 땅덩어리가 매우 좁은 데다가 인구가 한쪽으로 밀집되어 있어 확실한 지역은 쉬이 망하지 않는다. 더욱이 우리나라는 계획을 발표하고 개발을 시작하기에 어디가 오를지 이미 예정되어 있다. 그렇기에 분명한 자료를 가지고 어떤 지역이 오를 수밖에 없는지 가늠해볼 수 있다. 그래서 토지 투자는 운이 아니라고 말하고 싶다.

# II

# 땅 투자 입문

# 01

# 땅 투자, 공부하는 방법이 따로 있다

'땅 테크'라는 말이 있다. 땅으로 재테크를 한다는 뜻으로 땅과 재테크라는 단어가 합쳐져서 생긴 말이다. 이 책에서는 생소한 '땅 테크'보다는 '땅 투자', '토지 투자'로 표기하기로 한다. 사실 땅 투자가 모든 이에게 최고의 선택이 될 수는 없다. 사람마다 상황이 다르고 조건이 다르기 때문이다.

하나의 예로 카드빚에 쪼들리고 있는 사람에게는 땅 투자가 아무 소용이 없다. 당장에 먹고 살기도 힘든데 어떻게 투자를 할 수 있을 까? 직장이 있든 사업을 하든 매달 일정 수준 이상의 수입이 나오면서 적어도 500만 원 이상 가지고 있는 사람이 땅 투자를 생각해

볼 수 있는 조건을 갖추었다고 할 수 있다. 이런 최소한의 조건을 충족한 사람이라도 경우에 따라 토지 투자를 권하지 않는 경우가 있다. 이렇게 토지 투자하기에 맞지 않는 회원이 가끔 나에게 상담을 신청하곤 하는데 나는 종합적인 컨설팅을 해주며 방향을 제시해 준다.

모든 사람이 빨리 잘되고 싶어 하지만 사실상 최대한 빨리 방향을 잡는 것이 중요하다. 내가 서울에서 부산으로 가고자 하는데 방향을 엉뚱한 인천 쪽으로 향하고 있다면 아무리 열심히 가더라도 원하는 목적지에 도착하지 못한다. 바로 이런 원리다. 빨리 가고 싶은 만큼 방향과 기초를 잘 쌓아야 한다. 무조건 '나는 땅 투자로 부자가 될 거야.'라고 생각하며 막연히 공부하기보다는 우선 '땅 투자가 현재 나에게 맞는 재테크일까?'를 생각해보는 것이 좋다. 사실 나에게 맞고 안 맞고는 전문가의 조언을 듣는 것이 좋다. 일반인으로서는 자신의 문제나 상황을 알기 쉽지 않다. 막연하게 '내 일은 내가 제일 잘 알아.'라는 생각으로 판단하기에는 우리 인생이 너무 소중하다. 우리는 현재의 잘못된 선택으로 수년, 수십 년의 소중한 시간을 날릴지 모른다. 이론으로만, 이름으로만 전문가인 사람들에게 조언을 구하는 것은 매우 위험한 일이다.

시각 장애인이 같은 시각 장애인을 인도해서 되는 일이 있겠는가? 그 말로는 어떠할까? 굳이 말하지 않아도 될 것이다. 토지 투자라고 하면 독학으로 공부하는 분들도 적지 않다. 그런데 먼저 '현재 나의 상황에 토지 투자를 하는 것이 맞는가?'를 점검하는 것이 바로 땅 투자 공부의 시작이다. 이러한 도움은 내가 운영하는 '토지 명장'에서 무료로 도움을 주고 있으니 도움이 필요한 분들은 반드시 상담 신청해서 도움을 받으시기 바란다.

나에게 땅 투자가 맞다고 생각된다면 이제 본격적으로 공부를 시작할 때이다. 사실 땅 투자 공부를 굳이 하지 않더라도 토지 투자에 성공해서 결국 큰 소득을 올리는 사례가 적지 않다. 그것은 확실한 전문가를 만나서 제대로 된 투자처를 제안받았기 때문이다. 물론 부동산 물건지를 제안받고도 도전하지 못하는 분들도 있으니 개인의 용기도 한몫하는 셈이다. 확실하고 믿을 만한 전문가를 만나더라도 내가 전문가를 알아볼 수 있는지, 그리고 해당 물건지에 대한 확신을 가질 수 있느냐의 문제는 공부가 뒤따라야 함이 분명하다.

돈을 벌더라도 투자의 시간을 불안함으로 버티느냐, 설렘으로 기다리느냐의 차이는 크기 때문이다. 땅 투자를 제대로 공부했다면 내가 한 투자에 확신을 가지고 미래의 소득에 대해 설레는 마음으로 기다릴 수 있을 것이다. 사실 토지 투자로 쉽게 돈을 벌 수 있는 이유는 내가 투자할 땅이 오를 수밖에 없는 이유를 미리 알고 투자하기 때문이다. 땅값이 폭발적으로 오르는 땅은 오르기 전에 알 수 있다. 물론 100%는 없다고 하지만 땅은 대부분 오르기 전에 알 수가 있다.

땅값이 오르는 기본 원리는 인근 지역이 개발되고, 도로가 생기고, 인구 유입이 많아지는 등의 움직임이 있다. 개발되기 전에 계획을 미리 알 수 있으므로 '이 땅이 오를 땅인지', '언제 땅값이 오를지' 미리 알 수 있다. 이것은 민간투자사업(민자사업)이냐 국책사업이냐에 따라 나뉜다. 민자사업의 경우는 일반적으로 보너스로 생각하는 것이 적절하다. 왜냐하면 상황에 따라 사업이 중단되는 경우가 종종 있기 때문이다. 그래서 민자사업은 되면 좋고 안 되어도 그만인 것으로 생각해야 한다.

간혹 어떤 부동산회사에서는 본인들이 분양하는 땅이 무조건 개발되고 땅값이 오르는 것처럼 속이는 경우가 있는데 민자사업과 국책사업, 기타 기본적인 부동산 동향만 알더라도 이런 사기를 어느 정도 예방할 수 있다. 반면에 국책사업은 대부분 계획된 대로 진행된다고 볼 수 있다. 요즘도 사람들 사이에 많이 오르내리는 말로 '이명박 전 대통령이 추진했던 4대강 사업(국책사업)마저도 완공되었다.'라는 것을 보아도 국책사업으로 땅값의 미래를 점치는 일은 확실히 신빙성을 가진다.

내가 운영하는 연구소의 경우 소개하는 물건지가 매우 적은 편이다. 앞에서 소개한 국책사업과 다양한 개발 호재 등이 있고 문제가 없는 물건지만 취급하기 때문이다. 토지는 좋은 지역이냐, 해당 지역의 어떤 위치냐도 중요하지만 '등기를 어떻게 했는지', '복잡하게 물려있는 것은 없는지' 등도 중요하다. 좋은 지역이라도 경우에 따라 팔기 어려운 땅이 있기 때문이다. 그런 땅은 급처분을 하더라도 수익을 보기까지 상당히 스트레스를 받아야 한다. 물건지야 사실 많이 올리면 올릴수록 회사 입장에서는 좋다. 하지만 투자자 입장에서는 지뢰밭과도 같을 것이다. 쪽박과 본전, 잘해야 대박인 상황이다.

내가 운영하는 연구소는 '양심이 자존심이다.'라는 신념을 가지고 있기에 적어도 나와 함께 투자하는 사람들도 돈을 벌어야 한다. 그러므로 절대 아무 물건지나 소개할 수가 없다.

만약 여러분이 지금 토지 투자를 생각하고 있다면 해당 물건지의 상황과 조건도 잘 보아야 하겠지만 그 땅을 분양하는 회사도 잘 보아야 한다. 기획부동산 업체들은 검색을 통해서도 간단하게 그 여부를 알 수가 있다. 그리고 기획부동산 업체가 아니더라도 이 회사가 정말 양심적인 회사인지도 확인해볼 필요가 있다. 이러한 방법에 대해서 자세하게 정리를 해놓았으니 투자를 앞두고 있는 분이라면 반드시 카페에서 확인하시기 바란다.

땅 투자의 기본은 선 공부, 믿을 만한 전문가와의 만남, 많은 발품이다. 물론 실력을 갖추었다면 전문가를 꼭 만나지 않더라도 수익을 볼 수는 있다. 다만 어떤 분야든지 내가 해당 분야에 자신이 있을 정도로 실력이 있다 하더라도 다른 전문가의 의견을 들어보면 더 현명한 선택을 내릴 수 있다. 이미 실력을 갖추고 있으므로 조언 내용이 나에게 맞는지를 알아볼 수 있기 때문이다. '백지장도 맞들면 낫다.'는 말이 틀린 말이 아닌 셈이다.

땅 투자를 공부하는 방법은 매일 일정 시간은 신문을 읽으면서 모르는 용어들은 반드시 검색 등을 통해 찾아보는 것이 좋다. 토지 관련 책을 최소 2권은 읽어야 안목이 생기기 시작한다. 무엇보다 확실히 도움이 되는 방법은 믿을 만한 전문가를 만나는 것이다. 내가 운영하는 연구소에서는 카페를 운영하는데 토지 투자 시에 꼭 필요한 정보를 나누고, 토지 투자에 관련한 질문들을 답변해주고 있다.

'소 잃고 외양간 고친다.'는 말이 있듯이 사실상 엎어지고 나서 뒷수습을 하기보다는 예방이 중요하다. 토지의 경우 확실히 큰 수익을 볼 수 있는 투자처이긴 하지만 기획부동산 업체 등이 워낙 많아 앞에서 이야기한 것과 같이 반드시 알아보고 투자를 진행해야 한다.

# 전문 땅꾼은 신문을 끼고 다닌다

흔한 재테크 전문가들의 팁 가운데에는 '신문을 항상 읽어라.'라는 말이 있다. 요즘 같은 정보의 홍수 속에서 굳이 신문 구독료까지 내면서 읽을 필요를 못 느꼈던 나는 이 말을 무시했었다. 재테크에 관심있는 내가 잘못한 행동이라고 깨닫기까지는 그리 오랜 시간이 걸리지 않았다.

재테크 초보자들은 예전의 나처럼 왜 신문을 가까이해야 하는지 대부분 이해하지 못할 것이다. '차라리 검색 한 번 더 하고 말지, 왜 굳이 돈 내고 신문을 봐?'라는 생각으로 말이다. 혹자는 신문에 대해서 '거짓 기사와 광고가 판을 치는 신문 따위'라고 표현하기까지

했다. 100% 맞는 말은 아니지만 100% 틀린 말도 아니라고 생각한다. 요즘 추세를 보면 거짓 기사와 광고 지면이 늘어나는 것은 기정사실이기 때문이다. 다만 아무리 쓰레기 정보라도 그중에 진짜가 섞여 있기 마련이다. 한 가지 신문만 읽기보다는 여러 종류의 신문을 동시에 읽음으로써 정보의 사실 여부를 판단할 수도 있다. 너무 어렵다면 '토지 명장'에서 이러한 과정을 돕고 있으니 참고하기 바란다.

무엇보다 재테크 초보자의 경우에는 어떤 정보든 일단 습득하는 것이 좋다. 물론 섣불리 투자하지 않는다는 전제하에서 하는 말이다. 머릿속에 아무런 정보가 없는 것보다는 틀린 정보라도 있다면 이후에 진실을 만났을 때 무엇이 진짜 정보인지 확인하는 시간을 가지게 된다. 그렇게 노력의 과정을 거쳐서 안 진실과 지식이 쉽게 잊혀질까? 노력의 결실로 어렵게 얻은 정보는 나만의 귀한 노하우가 된다.

사실상 세상에는 수많은 재테크 비법이 있기에 정답은 정해진 것이 없다. 굳이 정답을 말하라 하면 돈을 벌면 그 재테크가 바로 정답인 셈이다. 중요한 것은 해당 재테크가 현재 나의 상황에 맞는 방법인지 아닌지를 확인하는 과정이다. 이것을 '토지 명장'에서 가르친다.

경제신문을 읽노라면 머리가 아픈 것이 꼭 소수의 이야기만은 아닌 것 같다. '토지 명장'을 운영하며 만난 초보자들은 어려운 용어,

이해되지 않는 부분에서 당혹스러워한다. 그렇다고 다른 사람에게 물어보자니 체면이 서지 않고, 검색해보자니 봐도 모르는 내용이 많다. 이 이야기를 듣고 '어, 나도 그런데?'라고 생각하는 이유는 이런 고민을 하는 분들이 한둘이 아니기 때문이다. 나 역시 그러했다. 신문을 읽어도 왜 읽는지 몰랐다. 굳이 저렇게 어려운 용어를 써야 할까 싶을 정도로 매우 마음에 들지 않았다.

말을 잘한다는 기준은 어려운 말을 초등학생도 이해할 수 있을 정도로 쉽게 설명하는 능력이라 생각한다. 그런데 CMA가 무엇인지, MMF가 무엇인지 도통 어렵고 기억하기도 싫었다. 재테크에 관심이 많았던 나로서도 일부러 어렵게 쓴 듯한 글이 별로 와닿지 않았기 때문이다. 어려운 용어를 쓰더라도 쉽게 설명하면 좋은데 보아도 모르는 단어들 천지였다.

이제는 경제신문을 보더라도 어렵지 않게 이해할 수 있지만, 굳이 기사를 어렵게 쓰는 것은 여전히 이해가 안 되는 하나이긴 하다. 나도 여러 번 신문 기사에 나왔었지만 사실 재테크를 시작한 지 얼마 안 되었을 초창기 땐 정말 경제신문이 눈에 잘 들어오지 않았던 것 같다. 그러던 내가 경제신문을 열정적으로 보게 된 것은 신문을 읽는 목적이 생기고 나서부터였다. 그렇다. 신문은 목적성을 가지고 봐야 제대로 꾸준히 볼 수 있다. 막연히 신문이나 책을 읽고 있노라면 따분하고 꾸준히 할 수 없다.

나는 재테크에 관해 깊이 파고들었을 때와 토지 투자에 뛰어들었을 때의 두 시점을 기점으로 예전과 비교해서 폭발적으로 신문과 관련 책을 읽었다. 그 내용 중에는 분명 틀린 정보도 많았지만 그런 틀린 정보를 알고 있었기 때문에 나의 지식은 명확해졌다. 틀린 정보를 아는 것도, 정확한 정보를 알고 생각 굳히기에 큰 도움이 되기 때문이다. 따라서 초반에는 경제신문 등을 닥치는 대로 읽는 것이 좋다. 더욱이 신문 기사는 일반적인 자료보다는 그래도 잘 정돈되어 있으므로 그나마 양질의 정보가 많다. 틀린 정보가 섞여 있더라도 말이다.

나는 요즘도 신문이나 책, 강의, 기타 자료를 닥치는 대로 읽는다. '이것은 맞고 이것은 아니지.'라고 하면서 넘기곤 한다. 사실상 아무리 전문가라고 하더라도 틀린 정보를 줄 때가 많다. 조금만 검색해봐도 알 수 있다. 역사에 위대한 업적을 남긴 위인이라고 해서 항상 정답만 말한 사람만 있는 건 아니다. 하물며 일반 전문가라고 하는 사람들이야 오죽할까? 그래서인지 틀린 정보를 이야기하는 강사들을 볼 때마다 "그건 아니에요."라고 반박하기보다는 일단 이야기를 다 듣는다. 나라고 항상 옳은 것도 아니기 때문이다.

세상에 쓰레기 정보는 없다고 한다. 이것은 책도, 신문도 해당이 된다. 많은 책을 섭렵하여 읽다 보면 생각이 정리되기 때문이다. 틀리든 맞든 다양한 견해로 해당 분야의 지식을 바라볼 수 있으니 간접적으로는 나도 준전문가가 될 수 있다. 부동산 투자를 제대로 하고자 한다면 신문을 가까이하는 것이 분명히 도움이 된다. 부동산 투자자에게 신문은 도움이 될 수밖에 없다. 경매 공고도 신문을 통해 볼 수 있고 개발계획 등과 같은 돈이 되는 다양한 정보를 접할 수 있기 때문이다.

무엇보다 신문 속에는 고액의 비용을 주고 인터뷰해서 얻어진 노하우도 얻을 수 있으니 얼마나 좋은가? 천 원 안 되는 돈으로 얻는 정보치고는 꽤 좋은 정보들이 많다. 신문을 보다 보면 간혹 택지개발지구 개발계획이 발표되는 것을 볼 수가 있는데 이때 땅값이 오르는 것을 알고 있는 투자자들이 해당 지역의 인근 땅에 투자하게 된다. 그러면 우선 땅값이 눈에 띄게 상승하게 되는데 이때 두 가지 경우의 수로 결과가 나뉘게 된다. 발표된 대로 '택지개발지구 계획이 그대로 진행될 것인가, 아니면 취소될 것인가?'이다.

택지개발지구 계획이 진행된다면 땅값이 올라 투자자들이 예상했던 대로 돈을 벌 것이다. 그리고 반대로 택지개발지구 계획이 취소된다면 어떻게 될까? 이때 초보 투자자들은 인생에 길이 남을 실수를 하게 된다. 바로 자신이 산 땅을 팔아야 한다. 택지개발지구 계획이 취소되었기 때문에 더 손해를 보지 않기 위해서 손절매, 땅값이 계속 떨어져서 더 손해 볼 것으로 예상하고 매입 가격 이하로 손해를 감수하고 팔게 된다. 이때 투자 고수들은 택지개발지구 계획 취소 기사를 보고서는 주거지를 더 매입하려고 하는데 이유가 있다.

애당초 택지개발지구 지정이 된 것은 해당 지역에 집이 부족해서

이다. 그렇다면 집이 부족해서 택지 지정을 했는데 왜 갑자기 취소 되었을까? 보통은 택지개발지구로 지정을 했다가 조사 중에 해당 사업이 수익성이 떨어지는 것으로 판단하여 포기하게 된다. 여기서 중요한 부분은 택지개발지구가 한 번 지정이 되면 반드시 교통이 따라온다는 점이다. 택지개발지구 개발사업과 함께 철도나 고속도로, 산업단지 등이 따라오게 된다. 어려운 용어로 TOD 개발이라고 하는데, 이 용어는 택지개발지구와 함께 교통, 산업단지 이 세가지가 한 세트로 함께 간다는 것을 뜻한다.

택지개발지구가 지정되면 '돈이 될 수밖에 없구나.'라고 생각하면 된다. 그래서 앞서 개발 소식을 접하고 많은 투자자가 택지개발지구 인근의 땅에 투자를 한 것이다. 그렇다면 택지개발지구 취소가 되었는데 왜 투자 고수들은 더 많은 땅을 사려고 했을까? 정답은 앞서 TOD 개발 방식에 의해서 교통과 산업단지 등도 사업이 진행되고 있는데 택지개발지구가 해제되더라도 교통과 산업단지 등의 각기 사업의 시행자가 서로 다르므로 하나가 취소되더라도 다른 두 가지 모두 취소되지는 않기 때문이다.

일반적인 상식에 의해서 교통이 좋아지고 산업단지가 들어서서 일자리가 많아지면 인구 유입은 자연히 많아지는데 자연스럽게 집이 더 필요하게 된다. 애초에 집이 부족해서 택지개발지구로 지정하려고 했던 지역인데 인구가 늘어나면 그 주변 주거지 땅값은 어떻게 될까? 택지개발지구 개발사업 취소 정보만 듣고 헐값에 땅을 내놓은 초보 투자자들의 땅을 투자 고수들은 더 사들여 더 많은 수익을 올리게 된다.

간단하게 택지개발지구를 예로 들어 신문을 읽는 것이 왜 토지 투자자에게 돈이 되는지를 알아봤다. 사실 투자자가 신문을 읽는다는 것은 이외에도 무수히 많은 이점이 있다. 왜 지금도 전문 땅꾼들이 신문을 끼고 다니는지 이제는 이해가 될 것이다. 토지 투자는 운도 있겠지만 운보다도 발품과 노력으로 얼마든지 대박을 만들어낼 수 있는 분야다. 그래서 나는 토지 투자를 한다. 투자로 돈을 벌고 싶다면 오늘부터 당장 신문을 읽자.

# 지분 투자는 정말 위험할까?

최근 기획부동산 사기가 이슈이다. 토지 투자에 관해서 잘 모르는 사람들에게 토지 투자를 하고 있다고 하면 기획부동산 사기 조심하라는 말이 먼저 나올 정도이다. TV, 신문 기사 등 많은 매체에서 기획부동산에 대해 다루는데 전문 지식이 없는 일반인들은 기획부동산 업체와 일반 토지 분양 업체를 구분할 수 없어서 생기는 문제이다. 사실 제대로 공부하고 투자한다면 토지 투자, 땅 투자만큼 많은 수익을 올릴 수 있는 투자처도 드물다.

일반적으로 기획부동산 업체가 문제가 되는 이유는 아무런 쓸모가 없고 가치가 없는 쓰레기 땅을 지분 투자로 묶어 비싸게 파는 것에 있다. 이것은 3대가 지나서야 본전을 찾을까 말까 하는 경우도 상당히 많은데 불행 중 다행인 것이 토지의 특성상 시간이 지나면 결국 오를 수밖에 없기 때문이다. 다만 지역에 따라서 시간이 얼마나 걸릴지 장담할 수 없다.

하나의 다행스러운 예가 있다.

10여 년 전 당시 1만 원도 안 하던 토지를 기획부동산에서 20만 원에 투자한 분이 계시는데 당시에는 팔지도 못하는 땅을 비싸게 샀다고 사기를 당한 것에 매우 분노했다. 그런데 최근 그 땅값이 100만 원이 넘어간다고 한다. 이 땅을 팔았던 기획부동산 업체조차 이 땅의 미래를 모르고 판 것이다. 토지이기 때문에 사기를 당해도 가끔 이런 행운이 뒤따르기도 한다.

사실 부동산을 현재가치보다 조금 비싸게 주고 산 것은 경우에 따라 좋은 방법일 수도 있다. 당연히 저렴하게 주고 사면 좋겠지만, 미래에 현재 가격보다 비교할 수 없이 가치가 오를 것이 확실하다면 웃돈을 주는 것도 괜찮다. 다만 기획부동산의 가장 큰 문제점은 지분 투자 부분인데, 공동지분 등기라고 해서 해당 토지의 공동 소유자 동의가 있어야만 토지를 팔 수 있는 것이다.

지분 투자가 무조건 나쁜 것만은 아니다. 그런데 공동지분 등기의 지분 투자는 정말 말리고 싶은 투자 방식 중의 하나이다. 조상에게 물려받은 땅을 가족들이 공동 등기하는 경우에나 사용되는 것을 기획부동산 업체들이 악용한 것이다.

공동지분 등기로 토지 투자를 한 경우라면 땅값이 오르더라도 문제다. 팔려고 해도 팔기가 어렵다. 해당 토지에 대한 내 지분을 팔아넘기더라도 구매자는 토지의 다른 소유자의 지분까지 사야 그 토지를 사용할 수 있다. 만약에 토지의 공동지분 소유자가 자기 지분을 팔지 않겠다고 하면? 나에게 지분을 산 돈을 그대로 날리는 것이다. 그래서 공동지분 등기로 지분 투자해서 투자한 땅은 팔려고 해도 팔기가 어렵고, 팔더라도 현재 시세대로 팔기란 매우 어렵다. 이런 땅은 말 그대로 헐값에 팔아넘겨야 팔 수가 있다.

나는 이 짜증 나는 공동지분 등기 방식의 폐해를 자동차 구매 사기를 당하면서 알게 되었다. 제대 후 닭고기 꼬치 장사를 하려고 했다. 여윳돈이 있었기 때문에 푸드트럭을 구매했는데 이 과정에서 사기를 당했다. 사실 이때는 사기꾼인 줄 알지 못했다. 1년간 작업을 당했기 때문이다. 나는 당시 어린 나이였기 때문에 차 보험료가 많이 나왔는데 사기꾼은 이 보험료가 많이 부담될 것이라면서 보험료를 줄이기 위해서 1%는 자신의 지인과 지분 등기하자는 제안을 해왔다. 해봐야 500만 원 조금 넘는 푸드트럭이라 나는 흔쾌히 좋다고 했다. 이렇게 푸드트럭의 99%의 지분은 내 소유가 되고 1%는 사기꾼의 지인 소유가 되었다.

문제는 사기꾼의 정체를 알고 나서부터 시작되었다. 내색은 안 했지만 워낙 뒤가 구린 사기꾼이라 나에게 부동산 사기, 자동차 사기, 투자 사기 등의 못된 짓을 했다는 것을 알게 되었다. 나는 그 돈 몇천만 원보다 사람을 잘못 믿어서 내 사랑하는 사람들에게 상처를 주었다는 것에 분노했다. 죽는 것이 더 편안할 것 같다는 생각이 들던 시절이었다. 신께서 나에게 살아야 하는 이유를 주셨다.

나는 최대한 피해를 줄이기 위해서 내가 눈치챘다는 것을 숨기고, 사기꾼과 엮여 있던 것들을 하나씩 회수하기 시작했다. 나는 이 과정에서도 엄청난 손해를 봤다. 가장 골치 아픈 것은 지분 등기로 묶인 푸드트럭이었다. 푸드트럭의 열쇠는 내가 가지고 있었지만 지분 등기였기 때문에 사기꾼이 나쁜 마음만 먹으면 내 푸드트럭을 내가 몰더라도 나를 법적으로 옭아맬 수도 있을 터였다. 그래서 급하게 판매하기로 마음먹었다. 푸드트럭을 시세보다 비싸게 산 것보다 1%가 묶여 있었기 때문에 사기꾼에게 서류를 요청해야 했다. 언제 도망칠지 모르는 사기꾼 때문에 나는 푸드트럭을 헐값에 내놓아야 했다. 1% 지분을 가진 사기꾼에게 채무와 세금 연체가 있어서 푸드트럭의 등기부를 보니 압류된 흔적이 있었다. 정말 골치 아픈 상황이었다. 결국에는 헐값에 팔아넘겼지만 거래하면서도 매우 기분이 언짢았다.

사기꾼은 내가 제대 기념으로 사드린 어머니 차마저도 중고차 딜러와 짜고 바가지를 씌웠다. 나는 직접 사기를 당하면서 공동지분 등기가 무엇인지 깨달았다. 얼마나 짜증이 나는 등기 방식인지 직접 몸으로 느낀 것이다. 내 돈으로 샀는데 내 것을 사용한다고 도둑놈이 된다면 얼마나 화가 나겠는가? 공동지분 등기는 매우 복잡하다.

사실상 지분 투자는 실제 사용하려고 투자하는 것이 아니고 오로지 시세 차익만을 목적으로 투자하는 것이 대부분이다. 지분 투자로 구매한 땅 위에 집을 지으려 한다고 해도 복잡한 절차를 거쳐야 한다.

지분 투자라고 하면 공유지분 등기, 공동지분 등기, 총유가 있다. 공유지분 등기는 내 지분만큼 사용, 처분할 수 있고 수익을 창출할 수 있다. 주식처럼 내 지분만큼 사고팔 수 있는 것으로 생각하면 쉽다. 반면에 기획부동산 업체에서 문제가 되었던 공동지분 등기는 다른 지분 소유자의 동의를 얻어야 팔거나 사용할 수 있고 수익을 창출할 수 있다. 내가 말한 앞의 내 사례를 보면 알 수 있다. 총유라고 하면 종교나 동창회 등으로 단체 명의로 된 등기 방식을 말한다. 우리 투자자들은 해당이 안 되는 등기 방식이다. 우리는 공유지분 등기, 공동지분 등기만 잘 구분하면 되는데 요즘은 기획부동산 업체들에서도 공유지분 등기로 갈아타는 추세라고 한다. 워낙 TV나 신문 기사들에서 보도가 되었기 때문인 것 같다.

사실 지분 투자가 나쁜 것은 아닌데, 워낙 기획부동산 업체들이 이를 악용해왔기 때문에 매우 인식이 나빠진 것도 사실이다. 공유지분 등기 방식의 지분 투자라고 하면 소액투자자도 토지 투자를 자유롭게 할 수 있어서 얼마든지 소액으로도 수익을 낼 수가 있다. 이것은 카페에서 파는 케이크 한 판으로 비유를 하기도 한다. 케이크 한 판의 가격은 서민들이 사 먹기에 부담이 되기 때문에 케이크를 잘라 저렴하게 한 조각씩 사는 것과 같다는 것이다.

실제로 회사도 통째로 사려고 하면 살 수 있는 사람이 많이 없으므로 지분 투자로 들어가는 것과 같은 이치이다. 이처럼 지분 투자가 나쁜 것만은 아니다. 공유지분 등기라면 좋은 투자수단이다.

토지 투자에 있어서 굳이 공유지분 등기 방식으로 지분 투자하는 이유는 단돈 몇백만 원으로도 투자 가능하기 때문이다. 토지 투자가 대박이라는 것은 알겠는데 돈이 부족해서 투자를 못 하는 경우에 적당한 투자법이다. 전부 내 소유면 어떻고 지분 소유면 어떠랴. 투자의 목적은 사실상 돈을 버는 것이기 때문이다. 다만 안전하게 지분 투자를 하려면 공유지분 등기로만 진행하시라고 당부드리고 싶다.

# 04

## 토지 투자했을 뿐인데 건물주가 됐다?

재테크의 꽃 중의 꽃은 토지 투자다. 나는 처음에 이 말을 믿지 않았다. '부동산이란 건 여윳돈으로 하는 거지. 꼭 부동산 투자해야지만 돈을 벌 수 있을까?', '부동산이 재테크와 내 자산 유지에 좋은 줄은 알아. 근데 왜 굳이 건물도 아니고 토지라는 거지?' 토지에서 수익을 맛본 사람들은 다른 투자처로 옮겨가지 않는다. 흔히 돈 벌면 사업이나 다른 투자처로 졸업(?)을 하는 것이 대부분인데 토지는 자산을 보존할 수 있다는 특성 때문인지 토지로 돈을 벌면 다시 토지 투자를 하는 경우가 많다.

여기서 돈을 번다는 것은 시세 차익으로 돈을 벌든, 토지보상을 받든 모든 상황이 다 포함된 이야기이다. 최근 토지보상으로 풀리는 돈이 10조~40조라는 이야기가 들린다. 이 어마어마한 돈이 다른 곳으로 새어나갈 것 같지만 실제로 이렇게 풀리는 돈 중에 상당한 부분이 다시 토지에 재투자된다. 토지 투자의 돈맛을 본 투자자들이 다른 토지에 투자하기 때문이다. 실제로 토지 투자는 상대적으로 고액이 드는 투자처임에도 불구하고 재투자하는 경우가 많다.

경우에 따라 국가나 지방자치단체 또는 공공단체가 공익사업을 진행하기 위해서 법률 절차에 따라 특정 지역에 수용을 걸고 토지보상이 이루어진다. 이 토지보상에 대해 간략하게 알아보자면 다음과 같다. 강제수용이라고 하면 이름에서 느껴지는 것과 같이 강제로 수용되는 땅의 소유자에 대한 토지보상 방식을 말한다. 이 방식은 지주가 '땅 팔기 싫다.'고 해도 나라에서 강제로 뺏는 것이기 때문에 현재 시세의 제값을 받는 경우가 많지 않다. 땅을 샀을 때 돈보다 더 많은 보상을 받더라도 시세대로 받지 못하면 억울한 것은 마찬가지이기 때문이다. 돈으로 보상받는 것이 싫다면 대토(代土)라고 해서 수용되는 토지의 반경 20km 내의 다른 토지로 대신해서 받는 것도 있다. 일전에는 돈으로 토지보상을 받는 경우가 대부분이었지만 최근에는 대토로 받는 비율이 부쩍 늘어났다. 돈으로 보상을 받으면 원래 시세보다 거의 손해를 보게 되는데, 대토로 보상을 받으면 경우에 따라 이익이 될 가능성이 있기 때문이다.

최근에 비슷한 사례가 있었다. 판교 신도시 중심가에 있는 상업지는 평당 5,000만 원 이상을 호가했는데, 땅의 원래 소유자들은 LH에 강제로 자기 땅이 수용되면서 토지보상금을 평당 겨우 200만 원, 300만 원 받고 팔아야 했다. 현재 시세의 10분의 1도 받지 못한 것이다. 정말 지주 입장에서는 미치고 환장할 노릇이라는 표현도 과언이 아닐 정도이다. 강제수용 시에 정부로부터 받는 토지에 대한 현금 보상보다 다른 투자자에게 웃돈을 더 받아서 팔아넘기는 경우도 존재한다. 토지보상이 이루어질 토지를 구매한 투자자는 웃돈을 주고 토지를 사더라도 대토 보상으로 더 많은 수익을 챙길 수도 있기 때문이다. 물론 이것도 잘못하면 쪽박을 차는 경우도 있으니 조심하자.

한 가지 희소식은 대토 방식으로 토지보상을 받았다면 취득세가 면제된다는 점이다. 대토 방식의 토지보상은 돈을 주고 땅을 산 것이 아니기 때문이다. 만일 대토 방식의 토지보상을 선택하게 되면 원래 내 땅 크기에 30%에서 80% 정도를 보상받게 된다. 이렇게 비율 차이가 나는 것은 수용되는 땅의 시세나 위치에 따라 달라진다. 쉽게 말해 가치가 높은 땅이었다면 다른 땅보다 더 많은 비율로 토지보상을 받게 되는 것이다. 이렇게 대토 보상을 노리는 투자자도 있는 만큼 규모는 줄어도 주변 지역의 가치가 올라가기 때문에 대토 방식으로 보상받는 땅의 가치는 오히려 더 올라갈 수 있게 된다. 땅의 크기는 줄어도 땅의 가치는 올라가는 것이다. 이 상승폭이 로또 맞은 듯한 수익률을 가져다줄 가능성도 있으므로 많은 이들이 강제수용이 이루어질 땅을 웃돈을 주고서라도 사는 것이다. 대토를 진행하면서 웃돈을 들인 비용보다 더 많은 돈을 벌기 위한 목적이다.

대토와 비슷해서 많이들 헷갈리는 환지(換地)라는 제도도 있다. 나도 처음에 대토와 환지의 방식이 비슷해서 '왜 헷갈리게 어려운 용어를 2개나 만들어놓았을까?'라는 생각을 하기도 했다. 그러나 곧 이 두 가지 용어를 구분해놓는 분명한 이유를 알게 되었다. 환지는 낙후된 도시지역을 체계적으로 개발해서 지역을 더욱 쾌적하게 만들기 위해서 진행한다. 대토 방식의 토지보상은 근처의 다른 위치의 땅을 보상받는 것인데 반해, 환지는 수용되는 내 땅의 토지를 다시 보상받는 것을 말한다. 어지러운 단필지 단위의 땅을 네모반듯하게 잘 정리된 땅으로 돌려받는 것이다.

현재까지 도시개발 시행자라고 하면 국가, 지방자치단체 등을 비롯한 공공사업 시행자가 있고, 토지 소유자들의 조합, 건설업자, 부동산개발업자와 같은 민간사업 시행자가 있다. 흔히 말하는 민자사업의 시행자가 바로 이들인 것이다. 이렇게 개발이 이루어지는 도시에 내 땅이 있다면, 내 땅의 면적이 줄어들 수 있겠지만 그 가치는 개발로 인해서 더욱 올라가게 된다. 잘하면 건물도 지을 수 있다. 면적은 크지만 활용할 수 없는 쓰레기 땅보다 면적은 작아도 활용 가능한 땅이 나은 것은 누구나 인정하는 사실이다. 활용하기 힘든 땅을 활용하기 쉬운 땅으로 만들어주는 것이 바로 환지 제도라는 것이다. 활용할 수 없던 땅을 활용하게 되므로 땅값이 올라가는 것은 자연스러운 것이다. 무엇보다 내 땅뿐만 아니라 주변이 변하게 되니 땅값은 고공 행진한다.

이렇게 환지 제도로 인해서 득을 보는 사례도 많다. 정리하자면 강제수용은 현금보상을 받는 것이고, 대토와 환지는 토지보상을 받는 것을 말한다. 다른 모든 재테크가 그렇지만 모든 재테크의 시작은 내가 돈을 버는 것도 중요하지만 돈을 버는 것에 앞서서 내 돈을 지키는 것이 더욱 중요하다.

부동산은 세금도 무시할 수가 없는데 대처만 잘한다면 세금을 10% 이상도 줄일 수가 있다. 부동산은 고액 거래이기 때문에 10%라고 하더라도 무시할 수 없는 비용이다. 10억짜리라고 한다면 1억을 날릴 수 있는 것이다. 마냥 편하기 위해 생각 없이 진행하는 것보다 조금은 힘들여서라도 노력하는 것이 돈을 한 푼이라도 더 아끼는 방법이다.

문제가 생겼을 때부터 대처하려고 한다면 아까운 비용을 다 낼 수밖에 없다. 미리 알고 준비를 하자. 흔히 '소 잃고 외양간 고친다.'라고들 하는데 소를 잃으면 외양간이 쓸모가 없어진다. 토지 투자를 할 때 생기는 세금이나 기타 문제들에 관련한 조언들은 내가 운영하는 '토지 명장' 카페에서 얻을 수가 있으니, 투자 전부터 미리 공부하고 발생할 문제에 관해 대비하는 것이 성공 투자의 첫걸음이다.

앞서 설명한 토지보상의 종류 중 환지에도 여러 종류가 있다. 그중 입체환지(立體換地)라는 제도를 통해 우리는 토지 투자를 통한 건물주가 될 수 있다. 입체환지란 일반 환지와 비슷하면서 다른 부분이 입체환지는 개발된 땅만을 주는 것이 아니라, 땅의 공유지분과 건물을 받게 된다는 것이다. 앞서 설명했던 것처럼 땅의 공유지분은 주식처럼 개인이 자유롭게 사고팔 수 있다. 그리고 건물은 덤이다. 물론 토지 투자로 돈을 벌어서 그 돈으로 건물을 사면 건물주가 될 수 있지만 꼭 그런 방법만 있는 것은 아니다. 원래 토지만 소유했던 사람이 입체환지라는 토지보상 방식을 이용해서 건물주가 된 사례가 있다.

사례자는 경기도 구리시에 90년대 당시에 지분 투자 방식으로 10평을 투자한 뒤에 2000년쯤에 당시 환지 방식으로 보상받은 사례이다. 평 단가 200만 원으로 총 10평을 2,000만 원을 들여 투자한 다음, PF대금이라고 건물을 올리는 건설사에게 4평을 주고 지분 6평으로 건물 평수 30평을 분양받게 된 사례다. 매달 300만 원 월세를 받거나 팔아도 되고 직접 창업해도 된다. 1년만 가지고 있어도 3,600만 원이니 월세만으로 본전을 뽑고도 남게 된다. 이렇게 토지에 투자했을 뿐인데 건물주가 될 수 있다. 앞의 성공사례가 과연 이 사람만의 이야기일까? 지금도 많은 이들이 토지 투자로 돈을 벌고 있다.

〈지하철 1호선 수원 병점역-39배 상승〉

| 기준년도 | 개별공시지가 | 공시일자 |
|---|---|---|
| 2017 | 519,000원 | 2017/05/31 |
| 2016 | 507,500원 | 2016/05/31 |
| 2014 | 487,500원 | 2014/05/30 |
| 2012 | 473,000원 | 2012/05/30 |
| 2010 | 302,000원 | 2010/05/31 |
| 2007 | 295,000원 | 2007/05/31 |
| 2005 | 95,000원 | 2005/05/31 |
| 2004 | 26,000원 | 2004/06/30 |
| 2002 | 13,000원 | 2002/06/29 |
| 2001 | 13,000원 | 2001/06/30 |

〈2008년 경기도 화성시 병점동 703〉

〈2020년 경기도 화성시 병점동 703〉

# 토지 투자에서의 위험

조금 부끄러운 이야기를 하자면 나 또한 처음 토지 투자를 했을 때 귀찮다고 주변 사람들의 말만 믿고 투자를 했다가 낭패를 본 적이 있다. 해당 물건을 추천해 준 사람의 토지 투자 경력이 얼마나 되었건, 부동산에 대한 지식이 얼마나 많건 상관없이 그 사람이 양심적인 사람이 아니라면 좋지 않은 땅을 추천해 주는 경우가 있으니 조심하자.

최근 매스컴에서 이슈인 '불법 기획부동산' 업체들이 토지시장의 물을 흐려 놓았기 때문에 토지 투자라고 하면 먼저 부정적 인식을 가지는 투자자들이 많다. 그래서 좋은 투자 기회임에도 불구하고 이러한 불안 때문에 기회를 놓치는 경우를 종종 본다. '지분 투자라서 망설여져요.', '임야라서 망설여져요.' 이런 불안이 있지만 사실 해당 토지를 실제 사용할 목적이 아니고 투자할 목적이라면 지분 투자도 괜찮다. 우리가 좋은 사업체를 사고 싶지만 해당 사업체 전부를 사기에는 자금이 부족해서 지분 투자하듯이 토지 투자에서의 공유지분 투자도 그런 방식이라고 보면 된다. 지분 투자는 몇억을 들여야 투자할 수 있는 땅을 단 몇백만 원 정도의 소액으로도 투자가 가능하게 만들어준다. 물론 지분 투자자 개인이 건물을 짓거나 하지는 못한다. 그러므로 지분 투자의 목적은 오로지 투자 목적이 되어야 한다.

앞에서 설명한 것처럼 지분 투자의 종류에는 크게 공유지분 등기, 공동지분 등기, 총유가 있다. 이중 주식처럼 개인이 사고, 팔고를 자유롭게 할 수 있는 것이 공유지분 등기라고 보면 된다. 공동지분 등기나 총유가 아니라면 공유지분 등기 그 자체로는 크게 문제가 없다.

다만 TV를 비롯한 매스컴에서 최근 많이 다루고 있는 불법 기획부동산 업체들의 문제점은 판매하는 물건과는 전혀 상관이 없는 개발 호재 정보를 가지고 투자자에게 허위과장 광고를 하거나 가격을 부풀려 너무 비싸게 파는 경우 등이 있다. 정말 불안하다면 '자수성가 공부방'에서 토지 물건 검증을 해주기도 하니, 필요하다면 적극적인 도움을 요청하자.

## 1) 무조건 오르는 땅값의 비밀

로또 1등을 예측하는 사람들이 있다. 물론 빗나가는 경우도 많지만 많은 이들이 이 자료를 신뢰하고 유료회원비를 지불하기도 한다. 간혹 정말 로또에 당첨되는 경우도 있기 때문이다. 나도 '지인이 로또 번호를 예측하는 업체에서 번호를 받고 있는데 2등에 당첨되었다.'라는 말을 듣기도 했다. 분명한 사실은 이것이 잘해봐야 확률을 올려줄 뿐이지 100%는 아니라는 것이다.

나는 부동산을 업으로 하는 사람으로서 이런 말을 자주 듣는다. '여기에 투자하면 무조건 땅값이 오릅니다.'와 같은 말이다. 이 말은 보통 사실이 아닌 경우가 상당히 많다. 기획부동산 업체들이 불법성을 띠는 이유 중 하나이기도 하다. 원래 부동산이라고 하는 자산의 시세는 정부 정책과 각종 현상으로 개인이 어찌할 수 없는 것으로 생각했었는데, 이렇게 땅값이 오른다고 확신하는 사람 중 정말 미래의 땅값을 제대로 잡아내는 사람들이 있었다.

그중에서 나는 평소 나와 친분이 두터운 건물주에게 의견을 물었다.

"당신은 어떻게 땅값이 오를 것을 미리 알고 있었나요?"

따뜻한 성격인 그는 나의 질문을 며칠에 걸쳐서 답해주었다. 오를 수밖에 없는 땅값의 이유를 말이다. 그가 말하기를 국책사업으로 개발계획을 발표하고 보상이 진행되고 있는 땅은 오를 수밖에 없다고 한다. 민간사업은 중지될 수 있어도 국책사업은 중지되지 않는다고 했다. 개발공사에는 기간이 명시되어 있으니 그 기간을 따라 투자를 하다 보면 분명히 수익을 볼 수밖에 없다고 말이다. 나는 이 말에 깊은 공감을 했다. 많은 이슈였던 4대강 사업도 결국에는 마무리까지 지었으니 국책사업은 웬만하면 추진하는 사업으로 보인다.

덧붙여서 주변 지역이 개발되거나 전철, 도로 등이 만들어지면서 공시지가가 꿈틀대는 땅은 오를 가능성이 매우 크다고 볼 수 있다. 더욱이 토임에 해당하는 땅이 있다면 주식에서 말하는 저평가 우량주로 볼 수 있다. 지목상으로는 여전히 임야이지만 지형이 거의 논밭이어서 지목 변경이 될 가능성이 큰 땅이다. 보통 5년 이상 땅의 현재 모습과 서류상 지목이 다를 경우 지목 변경이 쉽게 이루어지는 편이기 때문이다. 이렇게 지목 변경이 이루어지면 땅값 상승은 당연히 따라오게 된다.

이런 땅을 '토지 명장'에서는 싸게 가져와서 재테크를 하기도 한다. 시중가보다 훨씬 저렴한 가격으로 땅을 가져오는데 그럴 수 있는 이유는 다음과 같다. NPL<sup>Non Performing Loan</sup>, 부실채권이다. 한국에서는 보통 부실채권으로 불리지만, NPL이라는 말을 더욱 많이 쓰고 있다.

NPL은 은행에서 회수하지 못한 대출금으로 인한 것인데, 우리가 알아야 할 부분은 땅 주인이 은행에 돈을 빌렸다가 정상적으로 돈을 갚지 못하게 되었을 때 생긴 것이다. 은행 입장에서는 이자 수익은커녕 대출해준 원금조차 받지 못할 상황이기 때문에 대출금이 연체되고 3개월이 지나면서 담보로 잡은 땅을 강제로 파는 절차를 밟게 된다. 이렇게 진행이 된다면 우리가 일반적으로 아는 법원의 경매절차를 밟게 된다. 이 절차의 기간이 생각보다 길고 현금화하기 위해서는 상당히 오랜 시간을 기다려야 한다. 무엇보다 일반 법원 경매로 넘어갈 경우, 은행에서 원래 땅의 주인에게 빌려준 대출금 원금조차 찾지 못할 상황이 생긴다. 이런 문제들이 많아서 은행권에서는 빠르게 대출금을 회수하기 위해서 자산유동화회사에 매각하여 처분과정을 거치는 것이 바로 부실채권, 즉 NPL이라고 한다. 자산유동화회사는 많은 곳이 있지만 내가 운영하는 '토지 명장' 같은 곳도 있다.

쉽게 말해서 NPL은 담보로 잡은 땅이 법원으로 넘어가 버리면 시간도 오래 걸리고 원금손실의 우려도 있기에 애초에 이 부실채권을 싼값에 파는 것이다. 여기서도 재테크를 할 수 있는 꺼리가 많지만 더 많은 수익을 노리기 위해서 주기적으로 나오는 수천 건의 부실채권 담보물 중에서 정말 확실한 땅만을 잡는다. 저평가되어 있으면서 분명히 값이 오를 수 있는 땅! 그런 땅을 '토지 명장'의 권리분석팀이 엄선해서 답사하고 골라낸다. 요즘은 경기가 좋지 않기 때문에 더욱이 많은 땅이 나와서 오히려 토지 투자하기 좋은 세상이 되어가고 있다. IMF 때에도 경기는 박살이었지만 금을 팔아 확실한 부동산을 샀던 사람들은 모두 부자가 되었다. 소문으로는

'IMF 때에도 땅 주인은 해외여행을 다녔다.'라고 할 정도이다.

이어서 부자들에게 금싸라기 땅으로 불리며 각광 받는 땅을 알아보도록 하자.


### (1) 땅 부자들은 삼승법칙을 알고 있다

오르는 땅은 개발 발표, 착공, 완공의 3단계를 거치면서 땅값이 오른다. 이런 땅을 사되 수요가 많은 곳을 사야 많은 시세 차익을 챙길 수가 있다.


### (2) 용도변경이 가능한 지역의 땅을 사라

용도변경이 될 가능성이 있는 땅이라면 웃돈을 조금 더 주고서라도 사는 것이 나은 경우가 있다. 땅값이 어느 정도 올라갈 수 있을지를 예상해본 후 투자하는 것이 좋다. 예를 들어 현재는 준주거지역이지만 머지않아 상업지역으로 바뀔 가능성이 있는 땅이라면 땅값이 오를 가능성이 높다. 만일 준주거지역이 마치 시장통처럼 되어 있다면 틀림없이 상업지역으로 머지않아 용도변경이 될 수 있다.


### (3) 반드시 실수요자가 많은 땅을 사라

대다수가 필요로 하는 땅은 수요층이 두터워 시세 차익을 거둘 수 있는 확률이 높다. 반면에 소수가 원하는 땅은 수요가 적기 때문에 수익을 올릴 가능성이 낮다. 원하는 땅은 대부분 주거용지, 상업용지, 공업용지, 농업용지, 관관용지와 같은 것들이다. 이런 용지 중에서도 도시 안에 있거나 도시 근처에 있는 땅이 실수요자가 많은 땅이다.

실수요자들은 보통 작은 규모의 땅을 찾게 된다. 당장에 집을 지을 수 있는 곳, 당장에 상가를 지어서 영업이 가능한 곳 등을 찾는다. 조금은 멀리 보는 투자를 해도 좋은 곳은 대도시 근처의 논이다. 언제가 될지는 모르겠지만 다른 용지로 변경될 가능성이 크기 때문이다. 여기서 조심해야 할 부분은 기업이나 지방자치단체, 정부가 노리는 땅도 수요로 볼 수는 있겠지만 이 경우는 일반인들이 노리는 땅은 아니므로 수요로 보기는 어렵다는 것이다.

### (4) 싼 것만 찾다가 낭패 보기 십상이다

부동산 투자를 좀 한다는 사람들은 실수요자들이 많은 땅이나 혹은 그렇게 될 땅만을 산다. 실수요자들은 싼 땅만 찾지 않고 웃돈 주고서라도 확실한 땅만을 찾는다는 것을 명심하자. 부동산 고수들은 대도시 근처의 택지개발 가능지역, 대도시 내 실수요자들이 찾는 주택지, 상업용지, 빌딩용지, 아파트용지 등만 골라서 사들인다. 그렇기에 부동산 고수들은 자신들이 사놓은 땅이 무조건 오를 줄 알고 개발 시점만 기다린다. 개발되면 떼돈을 벌기 때문이다.

### (5) 반드시 목적에 맞는 땅을 사자

목적에 맞는 땅을 산다면 우선 만족스러운 투자를 한 것이다. 이런 투자가 가능하기 위해서는 우선 '내가 왜 땅을 사는지'부터 명확하게 하고 그 뒤로는 어떤 유혹도 뿌리칠 수 있어야 한다.

### (6) 지방 땅보다는 도시 땅이 답이다

지방 부동산은 특수한 경우를 제외하고는 손해를 볼 가능성이 매우 크다. 이와 반대로 도시의 부동산은 갖고 있으면 가치가 올라갈 가능성이 있다. 물론 이것도 확실한 경우를 말하는 것이다. 도시는 사람이 많아 기본적인 수요가 뒷받침되지만 지방은 그렇지 않다. 인구절벽 시대에 가장 피를 보는 것은 지방일 것이다. 우량한 부동산은 너무 수요가 많아서 대체할 수 있는 지역으로 많이 빠졌기에 인구가 줄어들더라도 가격이 줄어들기 힘들다.

### (7) 최대한 도로와 가까운 땅을 사들여라

도로변에서 멀리 떨어져 있는 땅을 산다면 낭패 보기가 쉽다. 원래 도로에 가까울수록 집값이 비싸고 도로와 멀수록 집값이 싸다.

### (8) 이면이 도로에 걸쳐있는 집터를 사라

도로 이면의 대지를 사들이기만 하면 나중에 큰돈을 벌 수 있는 가능성이 높다. 이런 집이나 땅은 상가가 들어설 가능성이 크기 때문에 높은 수익을 볼 수 있다. 가끔 길을 가다 보면 빌딩과 단독주택, 혹은 빌딩과 빌라가 함께 붙어있는 곳을 볼 때가 있다. 이런 집이나 대지는 꽤 유심히 살펴볼 만하다. 성장하는 도시에서 도시 전체를 보고 어떤 쪽으로 뻗어 나가는지를 확인하고 뻗어가는 변두리를 중심으로 해서 도로 이면의 땅을 사면 좋다. 나중에 도로 확장을 하거나 지역이 활성화되면서 도로 이면의 땅에 상가가 들어서면서 큰 시세 차익을 노릴 수도 있다.

### (9) 막다른 골목의 땅은 피한다

이런 땅은 개발되기가 힘들다. 어떤 이유에서든지 막다른 골목의 땅은 피하도록 하자.

### (10) 집을 지을 땅은 전용주거지역을 구하지 마라

전용주거지역이 집 지을 땅으로 최고는 아니다. 적어도 내가 투자한 땅이 오르기를 바란다면 말이다. 저층 주택지이기 때문에 아파트와 같은 고층 건물을 지을 수 없다. 기왕이면 다홍치마라고 시세 차익도 볼 수 있는 땅을 사야 좋다. 만에 하나 지금 전용주거지역에 있는 집이 있다면 빨리 팔고 준주거지역이나 일반주거지역에 있는 집이나 땅을 사는 것이 이득일 수 있다.

### (11) 상업지역과 준주거지역의 경계선에 숨은 땅을 보자

상업지역과 준주거지역이 교차된 땅은 꽤 가치 있는 땅이다. 상업지역의 비중이 높으면 준주거지역이 상업지역으로 편입될 가능성이 크다.

### (12) 토지 분양받아서 돈 버는 7가지

토지시장이 과열되면 묻지마식 토지 투자를 해서 목돈을 잃을 수 있다. 수요층이 보장된 땅을 사야 좋고 사거리 코너 땅은 매우 좋다.

#### ① 수요층이 보장된 땅인지 살펴보자

철저하게 시장성이 있는지 분석하고 검토한 후에 투자를 결정하자. 땅값이 오르는 것도 오르는 것이지만 수요도 잘 살펴보아야 한다. 땅값이 오르더라도 안 팔리면 소용이 없다. 그리고 무작정 남 따라 투자하게 되면 낭패를 볼 수 있으니 흔들리지 말고 확신에 따라 움직이는 것이 좋다.

#### ② 규모가 큰 단지 땅일수록 입지는 앞면을 사자

택지의 앞면이 큰 도로가 통과해서 역세권이 될 가능성이 높고 근처에 대형 빌딩이나 주택이 있는 경우 가격이 높게 형성되기 마련이다.

#### ③ 사거리 코너를 산다

택지 분양할 때 이런 땅을 못 받을 경우엔 차선책으로 이미 분양받은 사람을 통해서 계약단계에서 사서 상가주택으로 건축, 직접 상가를 경영하거나 되팔 경우에도 큰돈을 벌 수 있다.

#### ④ 마지막 소비자를 생각하고 토지 투자하라

토지 투자란 투자하려는 토지의 마지막 소비자가 누구인지 생각해보고 도전해야 한다. 대부분 이런 개념 없이 시작하기 때문에 큰 이익이 없는 것인데, 이와 마찬가지로 특정 토지를 사려고 한다면 마지막 소비자, 즉 그 땅이 어떻게 쓰일지 생각해보고 사는 것이 좋다.

### ⑤ 소유권 이전에 문제가 없는 땅이어야 한다

이상한 부분이 없는지 확인하고 가능한 한 등기상의 매도인과 직접 계약하는 등 치밀해야 안전한 투자가 가능하다.

### ⑥ 택지 분양지는 대도시 근처 지역이 우선적으로 손꼽힌다

택지 분양이 상대적으로 잘 되는 편이지만 택지라고 해서 모두 좋은 땅은 아니다. 그렇기에 택지가 주택지든 상업지든 실수요층이 보장되는 주요 입지가 아니면 낭패 볼 가능성이 있다. 적어도 분당 신도시 근처 택지나 구리 토평 근처 택지 수준은 되어야 한다.

### ⑦ 입지가 안 좋은 땅은 되도록 빨리 팔고 좋은 땅을 사자

입지 안 좋은 땅을 싸게 사느니 입지 좋은 땅을 웃돈 주고 사는 것이 훨씬 이득이다. 나는 싼값에 나온 지방의 상가를 본 적이 있다. 경계 구분도 안 되어 있고, 유동인구도 없는 곳의 물건이 고작 몇백만 원이었다. 아무리 헐값에 살 수 있다 한들 무용지물이라 사지 않았다.

## 2) 저렴한 땅 vs 비싼 땅

'싼 게 비지떡이다.' 흔히 저렴한 것이 그 값을 한다는 속담이다. 사회생활을 하다 보면 실제로 이 유명한 속담이 맞는 경우를 여러 번 경험하게 된다. 누구나 한 번쯤은 저렴해서 물건을 구매했다가 난감했던 경험이 있을 것이다. 이것은 부동산, 특히 토지에도 그대로 적용된다.

나는 한창 부동산 경매에 빠져있었다. 나는 합법적으로 크게 한 탕을 노리기 위해서 부동산 매물을 계속 보고 있었다. 그때엔 내가 아직 부동산 투자 경험이 부족했을 때인데 상가 중에 300만 원 이하짜리를 본 것이다. '아니 3,000만 원도 아니고 300만 원이라니, 내가 잘못 본 것이 아닐까?'라는 생각을 하기도 했다. 상가의 가격은 아무리 봐도 300만 원이었다. 물건의 내용을 보면서 나는 그 이유를 알게 되었다. 지방의 중소형 백화점에 들어서 있는 상가였는데 해당 상가는 외부와 구분하는 벽도 없이 테이프로 경계를 표시해둔 것이 전부였다. 무엇보다 해당 백화점에는 유동인구가 거의 없었다. 사실상 건물 대부분이 공실 상태였다. 당시 여윳돈이 있었던 나는 잠시 '나의 부동산'이라는 자부심을 갖기 위해서라도 300만 원쯤이야……' 하고 생각도 했지만 결국 돈 아껴서 더 확실한 부동산을 사기로 했다. 크지 않은 돈이지만 이때 이 부동산을 사지 않았던 것이 정말 다행이라는 생각이 든다.

나는 요즘에도 부동산 쇼핑을 한다. 특히 토지를 중심으로 물건을 보러 다닌다. 비록 월세만큼 꾸준한 수익을 내기는 어렵지만 잘만 투자하면 다른 투자처들 못지않은 수익률을 보여주기 때문이다. 투자금이 소액이고 묵혀두어도 되는 돈이라면 토지만 한 것이 없다. 사실 세금만 아니라면 토지도 금방금방 시세 차익을 보기 쉬울 텐데 세금 한 푼이라도 더 아끼고자 시간을 두고 묵혀두는 것이다. 물론 확실한 땅은 묵을수록 빛난다. 다만 땅은 월세와 같은 꾸준한 수익을 얻기에도 복잡한 작업을 거쳐야 하고 그 수익도 대부분 미미한 수준이기 때문에 없다고 보면 되는데 이러한 부분이 건물과 차이가 난다. 건물은 월세 수익이 나기 때문에 확실한 건물은 죽을 때까지 평생 들고 있고 싶을 텐데 땅은 대부분 그렇지 않다.

땅을 평생 가지려는 사람들은 상속세를 줄이려는 용도가 대부분이라고 생각하면 된다. 나머지는 살아있는 중에 투자한 땅의 시세가 확 올라서 조금이라도 더 많은 수익을 챙겨서 부자가 되고 싶은 경우가 대부분이다. 누구나 자신의 세대에서 누리고 싶지, 나는 실컷 고생만 하고 내 후손들이 누릴 것을 생각하며 일하지는 않는다. 적어도 요즘 젊은 사람들의 생각은 많이 다르다. 우선 자신부터 먹고 살아야 하기에 아기를 낳지 않는 가정도 많다.

이러한 현실이니 토지 투자를 염두에 두고 있는 사람들은 확실한 토지에 투자해야지, 땅 투자가 좋다고 해서 무조건 아무 땅에나 투자한다면 바라던 목표는커녕 투자한 돈을 잃게 될 가능성이 크다.

정말 아무 땅에나 투자해서 돈을 벌 수 있는 것이라면 그냥 무조건 저렴한 땅으로 선택하는 것이 옳을 것이다. 하지만 우리가 매스컴에서 보듯이 쓸모없는 땅을 샀다가 낭패를 겪는 경우를 종종 목격하지 않던가. 여기서 저렴한 땅이라는 기준은 시세가 기준이다.

부동산 투자의 경우 간혹 해당 부동산의 현재 시세보다 조금은 더 비싸게 주고 사는 경우가 있는데 이런 경우엔 모르고 진행할 때도 있겠지만 땅이 확실하므로 그 수익률을 예상하고 투자하는 경우도 많다.

반면에 원래 비싼 땅이 있다. 비싼 땅은 기획부동산 업체 등에서 바가지로 판매하고 있거나 정말 땅이 좋아서 비싸게 나온 경우다. 땅이 정말로 좋아서 비싸게 나온 것이라면 미래가치를 예상해보고 투자할 만하다. 투자의 절대적인 정답은 '내가 투자한 금액보다 더 많은 이익을 내었는가'에 있기 때문이다. 정말로 오를 땅이었다면 조금 비싸게 샀든, 싸게 샀든 일단 처음 투자의 목적은 달성한 것이나 다름이 없다. 물론 좋은 땅을 싼값에 샀다면 금상첨화이다.

기획부동산 사기 수법에는 절대로 개발되지 않을 비오톱 1등급 임야 땅을 싸게 구입해 파는 경우가 있다. 역세권이 들어온다거나 개발 호재가 있다면서 과장 광고를 통해 허위 서류와 지도로 속여 땅을 파는 경우다. 무조건 수익이 나올 땅이 싸게 나왔다며 판매를 한다. 땅은 위치에 따라 10만 원이라도 비싸게 느껴지는 땅이 있고, 100만 원이라도 저렴하다는 생각이 드는 땅이 있다. 땅이 가진 가치에 따라 금액이 결정되는 것이지 무작정 절대적인 금액만으로는 그 가치를 판단하기 힘들다.

기획부동산에서는 좋은 조건에 전화영업사원 등을 고용해서 지인 영업을 시키거나 무작위로 스팸 전화를 돌려서 영업하는 경우가 대부분이다. 대개 기획부동산 사기에 휘말린 사람들의 사례를 들어보면 '지인이나 가족이 파는 땅이라 믿고 투자를 했는데 사보니까 사기였다.'라는 말이 많다. 믿을 만한 사람이기 때문에 땅까지 믿으면 안 된다. 더욱이 기획부동산 업체나 비양심적인 부동산 업체에서는 서류나 지도까지 위조하므로 민원24 등의 사이트 등에서 진위를 확인하는 과정이 필요하고, 현장답사는 필수이다. 피땀 흘려 번 내 돈이 들어가는 일인데 이런 확인 과정조차 거치지 않아서 사기를 당하는 분들을 보면 마음이 아프다.

사실 일반인들이 땅에 대해서 좋고, 나쁘고를 판단하기 힘든 것은 당연하다. 그러므로 내가 운영하는 '토지 명장'에서는 투자하는 토지와 이 투자 과정을 돕는 업체가 안전한지에 대해 확인 상담을 도와주고 있다. 적어도 토지 투자에서는 투자하는 물건지도 중요하지만 투자를 진행하고 있는 부동산 업체의 확인 과정도 중요하기 때문이다. 내가 투자한 토지의 등기가 나왔다고 하더라도 나중에 내가 투자한 토지를 수용하려는 매수자(건설자)가 많은 지주를 만나 협상을 하기보다는 그 회사와 만나서 조율하려 하기 때문이다. 그러므로 정말 믿을 만한 업체인지가 중요하다.

다시 한번 정리하자면 내 돈이 들어가는 일이므로 토지 투자에 있어서 신경 써야 할 부분은 한두 가지가 아니다. 한 번의 선택이 앞으로 수십 년을 좌우하므로 더욱 신경을 써야 한다. 투자할 땅이 어떤지도 중요하고, 이를 진행하는 부동산 업체도 중요하다. 부동산 투자를 해오면서 수많은 피해자를 봐왔다. 수도권 토지가 평당 10만 원대의 싼값에 나왔다고 해서 혹해서 샀다가 낭패를 본 사람이 많았다. 이런 경우에는 구분등기였다면 그나마 나았을 텐데 지분등기에 회사까지 사라진 경우도 많아서 처분 자체가 어려운 상황이 대부분이었다.

토지 투자 컨설팅을 하다 보면 가끔 나에게 이런 질문을 하는 회원들이 계신다.

"저렴한 땅이 많은데 왜 굳이 비싼 땅을 사는 사람이 있을까요?"

몰라서 그런 것이다. 무조건 내가 들었던 가격 수준보다 저렴하면 싸다고 느끼는 것이다. 토지라는 것은 유명 포털사이트에서 나오는 가격 자체만으로는 판단하기가 힘들다. 얼마나 가치가 있는지 서류를 확인해보고 개발계획과 현장답사 등으로 확인해야 한다. 사실 토지는 제대로 된 정보로 공부를 하고 진행하면 높은 수익률을 안전하게 가져갈 수 있는 매력적인 투자 분야이다. 이미 공공기관 등에서 나온 신뢰할 만한 정보를 통해서 투자하는 것이므로 언제 내가 투자한 땅의 시세가 오를지에 대한 예상이 가능하기 때문이다. 이러한 객관적이고 정확한 자료를 토대로 비싸고 저렴하고를 판단할 수가 있다.

어떤 분야이든지 돈이 되는 분야는 사기 업체나 거짓 정보가 나돌게 되는 것 같다. 덕분에 제대로 된 방향을 잡고 정확한 정보로 공부를 한 투자자들은 경쟁에서 우위를 점할 수 있겠지만 업종 특성상 부동산 사기 피해자들을 많이 만나게 되는 나로서는 단 한 건이라도 부동산 사기 피해를 줄이고 싶다는 생각이다. 남의 이야기라 우습게 여길지 모르겠지만 부동산 사기 피해자의 입장에서는 소중한 내 돈이고, 소중한 내 피와 땀이기 때문이다. 저렴한 땅인지 비싼 땅인지 정말 모르겠고 궁금하다면 '토지 명장' 카페를 방문하면 언제든지 도와드리고 있으니 토지 투자를 앞두고 있는 분이라면 꼭 한번 방문하셔서 확인 절차를 거치면 도움을 받을 수 있다.

### 3) 땅값이 오르지 않는 이유는 내 탓이다

'잘되면 내 탓, 안 되면 네 탓.' 우리는 무의식중에 많은 기대를 하며 살아간다. 기대에 미치지 못하면 실망하게 되고 더 나아가서는 남 탓을 하는 경우가 많다. 사실상 이러한 처세는 우리의 앞길을 봤을 때 전혀 도움이 되지 않는다. 지금 어떠한 행동을 하느냐에 따라서 앞으로 있을 문제들을 미리 예방할 수 있고 문제가 있더라도 작은 문제로 막아낼 수 있다. 나는 땅 투자야말로 오로지 내 탓으로만 진행 가능한 투자수단이라고 본다. 땅 투자는 이미 상당수의 개발계획을 미리 공지해주고 또 관련 지자체 등에서 알아낼 수 있는 정보가 많다. 누구에게나 정보가 공개되어 있지만 깊이 공부해야 하는 분야이기 때문에 얼마나 관심을 가지느냐에서 차이가 난다.

요즘 매스컴에서 불법 기획부동산 사기 소식이 많이 들리고 있다. 덕분에 정상적인 토지 컨설턴트들도 기획부동산이 아니냐는 오해를 받고 있다. 사실상 기획부동산 사기에 당하는 사람들을 보면 상당수가 공부하지 않았거나 공부를 얕게 하고 투자에 뛰어든 경우가 다반사다. 기초적인 서류나 회사 확인조차 하지 않은 채 번지르르한 회사와 영업사원의 화려한 언변만 믿고 투자했다가 낭패를 본다. 등기에 대한 이해도가 낮아서 땅이 묶인 사람을 꽤나 많이 봐왔다. 이런 현상은 무작정 사실 확인을 거치지 않은 채 올라오는 글도 문제가 있다고 본다. 공유지분 등기 방식을 마치 공동지분 등기인 것처럼 설명해놓은 것도 있다. 문제는 부동산 지식이 없는 초보자들은 이 글을 보며 고맙다고 댓글을 남긴다는 것이다. 글을 쓴 사람이나 댓글 남긴 사람이나 투자 부분에서는 미래가 암울한 것이 사실이다.

토지 투자는 안정적으로 높은 수익을 올릴 수 있는 분야이긴 하지만 그만큼 어려운 투자다. 토지를 정말 잘 안다면 이것만큼 높은 수익률과 안정적인 자산이 없다. 그런데 많은 이들이 어려워하고 좋지 않은 인식을 하게 된 이유는 불법 기획부동산 업체들의 횡포가 가뜩이나 어려운 데다 투자하면 사기당하는 종목으로 비쳤기 때문이다. 사실상 사기 사건의 대부분은 조금만 알고 진행했더라면 당하지 않았을 일이 많다. 바가지를 쓰는 것도, 땅값이 오르지 않는 이유도 사실은 투자자의 잘못이 크다. 그 이유는 오르지 않을 땅을 샀기 때문이다.

절대 사면 안 되는 땅을 사면 당연히 땅값이 오르지 않는다. 이 당연한 진리를 많은 이들이 모르고 투자를 진행해서 손해를 보곤 한다. 공부를 조금이라도 했다면 당하지 않았을 텐데 하는 안타까움을 느낄 때가 많다. 아주 기본적인 것만이라도 공부하고 진행했다면 피해를 덜 보았을 터였다.

그렇다면 절대 사면 안 되는 땅에는 무엇이 있을까?

첫째로 지인이 소개하는 땅은 사지 않는다. 부동산이라고는 해본 적도 없는 친구가 어느 날 갑자기 땅을 사라고 한다면? 무조건 경계하는 것이 좋다. 좋은 사람이므로 그가 소개하는 부동산도 좋을 것이라는 생각은 금물이다. 이 말에 동의하지 않는다면 부동산 전문가, 하다못해 공인중개사와 함께 그 사람에게 땅에 대한 질문을 몇 가지 해보자. 그 사람이 땅에 대해서 얼마나 알고 있는지 말이다. 심지어 자기가 파는 땅이 왜 좋은지조차 모를 수 있다. 그냥 무작정 회사에서 좋다고 하니까 좋다고 우기는 상황일 수도 있다.

부동산 재테크는 목돈이 들어가는 투자가 대부분이니만큼 단 한 번의 실수로 수십 년의 세월을 낭비할 수가 있다. 그렇기에 소 잃고 외양간 고치는 것보다 조금 더 알아보고 발품 팔고 전문가를 찾아

조언을 구하는 것이 답이다. 해당 지역 관할 구청의 공무원들조차 정확한 사실만 말하지 않을 수가 있다. 그러므로 되도록 확실해질 때까지 많은 관계자에게 물어보아야 한다. 한 번 사고가 나게 되면 모두가 '어쩌라고?' 하는 식으로 책임을 지려 하지 않는다. 결국 잘 알아보지 않은 자기 잘못으로 치부될 뿐이다.

인터넷에 토지이용 규제정보 서비스를 검색하면 많은 정보를 볼 수가 있다. 해당 토지의 주소를 검색하면 지목과 면적, 공시지가, 규제 사항 등을 무료로 알아볼 수 있는 서비스이다. 참고로 비오톱이나 공익용 산지 등으로 나와 있다면 해당 토지는 투자용으로는 절대 쳐다보면 안 된다. 그 밖에 바닷가에 바짝 붙어있는 땅은 투자하게 되면 큰 낭패를 보게 된다. 물론 땅 투자를 하면서 최고로 낭패를 보는 것은 공동지분 등기로 땅을 구매했을 때이다. 시세보다 훨씬 싸게 내놓는다고 하더라도 처분하기가 쉽지 않다. 공통으로 사면 안 되는 땅을 사놓고 땅값이 안 오른다고 불평한다면 부동산 전문가가 보기에 답답할 수밖에. 특별히 비오톱이나 공익용 산지 같은 경우는 절대 개발이 안 되는 땅이다. 자연환경 보전을 위해 개발하지 않고 놓아둔 지역이기 때문이다. 이런 지역은 투자 목적으로는 절대 사면 안 되는 땅이다. 그린벨트 임야는 규제가 풀리는 경우라도 있지, 비오톱이나 공익용 산지는 그런 경우가 거의 드물다.

보통 시세보다 값싸게 나오는 땅은 그런 이유가 있다. 개발 호재가 많은 지역의 땅이라도 쓸모가 없는 땅이라거나 앞서 설명한 선하지, 묘지 등 혐오 시설이 들어서 있는 땅일 경우가 많다. 그래서 싼값에 땅이 나왔다고 해서 무작정 계약하지 말고 부동산 전문가에게 조언을 구하는 것이 현명하다.

지금 토지 투자를 하려고 준비 중인 사람들은 반드시 해당 토지의 미래가치를 보고 투자에 임해야 한다. 그 흔한 개발 호재조차 찾아볼 수 없는 지방의 한적한 땅이라고 한다면 땅값이 오를 것을 기대하고 투자하는 노력이 허무하기만 할 것이다. 자손 5대째에 가서도 개발이 될까 말까 하므로 수익을 볼 수 있을까 싶다. 땅값이 오르는 요인을 알지 못하고 토지 투자를 했기 때문에 일어나는 불상사가 아닌가 싶다.

실패의 가장 큰 이유는 투자자의 학습 부재이다. 땅값이 오르는 이유는 일단은 인구 유입이 커야 한다. 교통 환경이 좋아지고, 일자리가 많아지고, 학군이 들어선다면 땅값이 오를 수밖에 없다. 개발 계획조차 들여다보지 않고 토지 투자에 임한다면 낭패를 보기 십상이다. 이미 국가에서는 국토를 어떻게 개발할 것인지에 대한 계획들을 자세하게 보여주고 있다. 그 계획에 따라 투자하면 일단 기본은 하는 것이라 볼 수가 있다.

토지 투자는 분명 고수의 영역이다. 초보가 혼자서 뛰어들기에는 쉽지 않은 투자 종목이다. 그럼에도 불구하고 많은 투자자가 주식, 가상화폐가 아닌 부동산 재테크를 선호하는 이유는 무엇일까? 더욱이 부동산 재테크 중에서도 왜 굳이 토지 투자를 선택할까? 그 이유는 토지가 효율적으로 자산을 불릴 수 있는 좋은 투자처이기 때문이다. 그래서 사람들은 토지 투자가 어렵게 느껴지더라도 토지 투자를 하려는 것 같다. 물론 좋은 부동산 전문가를 만난다면 자기 실력 없이도 놀라운 수익률을 올릴 수가 있다. 부족한 지식을 바로잡아주고 안전하고 수익을 가져다줄 만한 토지를 소개해주는 전문가라면 더할 나위 없이 좋다.

땅값이 오르지 않는다고 불평하기보다 애초에 땅을 분양받기 전에 '어떤 땅을 분양받아야 나에게 이득이 될까?'를 고민하는 것이 좋다. 이런 문제의 원인은 보통 공부 부족인 만큼 투자에 앞서 토지 투자 관련 책을 적어도 30권 이상 읽고 투자에 뛰어들 것을 권한다. 30권 정도 읽으면 적어도 옳고 그름은 판단할 수 있게 된다. 나 또한 부동산 관련 책을 읽으면서 기초를 쌓았다. 그렇다고 실전 경험 없이 무작정 책만 읽는다면 성장에 한계가 오기 마련이다. 적어도 투자 수익을 바라는 투자자라고 한다면 이론 공부를 마친 후 반드시 실전 경험을 쌓는 것이 좋다. 실전 경험은 지인의 투자 과정을 옆에서 지켜보는 것도 도움이 되고 소액으로 먼저 조금씩 투자해보는 것도 큰 도움이 된다. 아무리 소액 투자라고 하더라도 고액 투자 시에 일어날 수도 있는 문제에 관한 경험을 하지 못하리란 법은 없기 때문이다. 경험이 실력을 만든다. 실력이 있어야 만에 하나 있을 사고를 예방할 수 있고 성공적인 투자를 만들어낼 수 있다.

땅값이 오르지 않는 이유는 본인 탓이다. 운이 나빠서도 아니고

남이 잘못해서도 아니다. 내가 자세히 알아보지 않은 것과 내가 공부하지 않은 까닭이다. 적어도 성인이라면 자기가 한 행동에 대한 책임을 져야 한다. 그렇기에 나중에 후회하지 않기 위해서는 투자 과정을 철저히 하자.

### 4) 가짜 뉴스를 구분하자

'가짜 뉴스'라는 말은 익히 들어서 알 것이다. 말 그대로 진짜가 아닌 가짜로 꾸며진 뉴스라는 뜻이다. 풍문으로 듣던 가짜 뉴스의 존재설은 기정사실이 되었다. 불과 얼마 전까지만 해도 뉴스라고 하면 일반적으로 다른 정보보다 신뢰성을 인정받는 매체였다. 그런데 가짜 뉴스라는 말 자체를 믿지 못하는 사람들이 많았다. 실제로 그렇다. 우리가 흔히 알고 있는 것과는 다르게 세상에는 가짜 뉴스 기사들이 많다. 특정 계층에 의해서나 영리 집단에 의해 돈을 받고 기사를 올려주기도 한다.

가짜 뉴스는 부동산 시장에도 이미 많이 들어와 있다. 광고비 지출이 많은 부동산 광고는 뉴스 사업자들에게 달콤한 꿀이 되어 버렸다. 당연히 부동산 관련 업체들은 뉴스 사업자들에게 특급대우를 받는다. 밥벌이를 해주는 실질 우량고객층이기 때문이다. 이러한 관계만 보아도 부동산 시장에 가짜 뉴스가 존재하는 것이 조금도 이상하지 않다. 그러니 언론계는 부동산이 하락기에 접어드는 것을 당연히 좋아하지 않는다. 부동산 불황이 바로 언론계에 불황을 가져다주는 것과 다름없기 때문이다.

그래서 부동산 시장에서는 친기업적 성향의 언론사들이 광고주에 유리한 여론을 만들어내는 경우를 쉽게 볼 수 있다. 누구의 잘못이라 탓할 것도 아니고, 자연적으로 생긴 관계이기 때문에 어쩔 수 없다. 그리고 어떤 관계 때문이 아니라 언론사의 고위 간부가 특정 부동산에 투자했다면 자신의 '본전'이 달린 문제이기 때문에 진실보다는 이익을 좇을 가능성이 크다. 언론계에서도 빈익빈 부익부의 현상이 심각하여 이런 유혹을 쉽게 뿌리치기 힘든 것도 사실이다. 당장에 가족이 굶는데 이런 유혹을 뿌리치는 것도 쉬운 일은 아닐 것이다.

사실상 뉴스, 신문 사업을 한다고 하더라도 국가에서 지원금을 받기는커녕 기본적인 세금을 포함해서 매년 국가에 내야 하는 등록면허세까지 내야 한다. 물론 한 끼 식사비 수준이라 무시할 수도 있지만 영세한 언론사는 부담이 되기도 한다. 언론사는 사실상 기업의 광고가 아니면 살아남을 수 없는 환경이다. 이 부조리한 환경에 딱 들어맞는 것이 바로 부동산 시장과 언론사의 관계이다. 깊이 따져 보면 누구의 잘못이라기보다는 환경의 문제가 크다. 물론 이러한 가짜 뉴스를 지지한다는 말은 아니다. 무작정 욕할 수만도 없으니 그냥 투자자인 우리가 먼저 인지하고 있어야 적어도 손해를 보지 않는다는 것을 말하고 싶다.

물론 모든 언론사가 이런 가짜 뉴스를 생산하는 것은 아니다. 내 주변에도 많은 언론인이 있는데 굶더라도 진실을 수호하려는 투철한 직업정신을 가진 경우도 많다.

일반적인 가짜 뉴스 기사로는 작은 변화를 크게 과장하거나 역전세난 등의 현상이 우려가 된다는 식으로 말을 한다. 어떤 말을 하든 결국 그 현상은 언론사와 건설사에 유리한 방향으로 흘러가는 식이다. 그러므로 언론사에서 발행되는 뉴스 기사를 무조건 믿지 말고 객관적인 사실 확인 절차가 필요하다. 관계된 자료는 인터넷에 검색만으로도 충분히 얻을 수 있으니 말이다. 현상 파악은 정확한 수치로 따져야 오해가 없지, 우려가 된다는 식의 추상적인 표현을 그대로 믿는다면 낭패를 보기 십상이다.

부동산발 가짜 뉴스는 정권을 겨냥해 '세금폭탄'과 같은 형태로도 나온다. 정권에 대한 부동산 부자들의 저항인 셈이다. 이렇게 사실만을 다룰 것 같았던 뉴스 기사가 특정 계층들에 의해 거짓, 허위 과장되기도 한다는 것을 투자자들은 반드시 알고 있어야 한다. 물론 수많은 언론사가 있기에 뉴스 기사 또한 비교할 수 있는 대안들이 상당히 많다. 잘 보고 비교하고, 따로 또 검색하고, 발품 팔아서 알아본다면 바른 사실을 알 수 있다.

우리 '토지 명장'에서는 국토교통부에서 지자체별로 제공이 되는 자료를 매일 출력해서 분석하기 때문에 정보가 빠른 편이다. 어쩌면 일반적인 언론사보다도 정보가 더 빠를지도 모른다. 우리는 할 수 있는 한 최선의 노력을 하기 때문이다.

이렇게 개발 가치가 있고, 개발이 진행되고 있는 확실한 유망지역을 찾아낸다. 그 다음 해당 지역에서도 알짜배기 땅을 철저한 물건분석, 권리분석 등의 작업을 진행하면서 더욱 금싸라기 땅으로써 그 가치를 인정받을 수 있도록 다듬고 정리하는 작업을 거친다. 확실한 지역에 확실한 위치의 잘 다듬어진 땅은 그 가치를 유지하는 데에 그치지 않고 날이 갈수록 값이 천정부지로 뛴다. 소액 투자자로서 우리는 이런 땅에 투자해야 한다. 그래야 부자가 될 수 있기 때문이다.

가짜 뉴스가 사라지면 좋겠지만 사실상 불가능하므로 투자자인 우리가 스스로 구분하는 수밖에는 달리 방법이 없다. 가짜 뉴스가 있다고 해서 정보에 민감해야 하는 우리가 뉴스 기사 자체를 무시할 수는 없기 때문이다.

가짜 뉴스 기사를 구분하는 방법은 워낙 다양한 형태를 띠고 있으므로 앞에서 말했던 것과 같이 정확한 수치를 발품을 팔며 확인하는 수밖에 없다. 이런 정성 어린 작업을 통해 우리의 투자 경험과 실력이 늘어나니 헛된 일만은 아니다. 충분히 도움이 되는 일이니 돌다리도 두드려보고 건너는 습관을 들이도록 하자.

## 5) 토지 투자로 부자 된 사람들

누구나 부자를 꿈꾼다. 내가 지금까지 끊임없이 도전하는 인생을 살아본 결과 부자가 되는 것에는 무수히 많은 방법이 있다는 것을 느꼈다. 그중 대표적인 방법으로는 사업을 해서 돈을 버는 것과 투자를 해서 돈을 버는 것인데, 나는 사업과 투자를 병행하고 있다.

나는 사업에 관련해서는 업계 1위를 달려봤을 만큼 일가견이 있는데, 이 경험을 가지고 창업교육을 하기도 했다. 창업교육을 하면서, 또 내가 고액의 교육을 들으면서 느낀 것으로는 아무리 좋은 교육이라도 모든 수강생이 성공하는 것은 거의 불가능하다는 것이었다. 우선 아무리 좋은 방법이라고 한들 각기 고집이 있고 열정의 크기가 달라 모든 사람이 목표한 만큼 성과를 내기가 쉽지 않다. 차라리 한 명, 한 명 붙잡고 무엇이든지 대신해 주고 싶지만 그러나 주어진 시간이 무한대가 아니니 불가능한 일일 터였다. 스스로 노력해야 결실이 나올 텐데 아무것도 하지 않으면 소용이 없다.

열정적인 사람이라도 자기에게 맞지 않는 방법이라면 성과가 나오지 않는 경우가 있다. 바로 사업이 그렇다. 잘만 하면 투자보다 많은 돈을 벌 수 있다. 하지만 모두가 100% 만족할 만한 성공을 할 수 없는 것이 사업이다. 사업은 이렇게 불확실한 것이 현실이다. 100% 모두를 성공시킬 수 없다는 생각에 죄책감이 들어서 나는 창업교육이 아닌 투자 교육으로 돌아서게 되었다. '토지 명장'은 그렇게 세상에 나왔다. 투자는 얼마든지 누구나 안전하게 수익을 올릴 수가 있다. 100% 안전하게 은행 이자보다 확실히 많은 수익을 올릴 수 있는 상품도 많고, 토지 투자처럼 장기적으로 묻어두어 확실한 수익을 올릴 수 있는 상품도 있다. 물론 여윳돈으로 하기에 내가 가장 선호하는 투자처는 단연 토지이다.

옛날에만 가능한 이야기인 것 같았던 토지 대박 스토리는 요즘에도 있다. 최근에도 개그우먼 출신 팽현숙 씨는 자신이 산 땅이 장기투자로 해서 대부분 2~3배 올랐다고 밝혔다. 그녀는 남편의 기를 살려주기 위해서 남편 몰래 땅을 하나 사서 남편 명의로 땅을 선물했다고 한다. 토지 투자로 재미를 본 사람은 팽현숙 씨뿐만이 아니다. 유명 배우 김희애 씨는 단 13년 만에 구입한 땅이 구입 당시 시세의 2배에 해당하는 100억 원이 올라 뉴스 기사에 실리기도 했다. 개그맨 배동성 씨 또한 10년 전 아내가 기획부동산 업체에 속아서 산 땅으로 10배에 달하는 시세 차익을 보기도 했다. 해당 땅은 후에 30배까지 시세가 올라서 끝까지 보유했더라면 30배의 시세 차익은 더 볼 수 있었을 것이다.

이렇듯 많은 이들이 아직도 토지 투자로 부자가 되고 있다. 한동안 많은 매체에서 불법 기획부동산 업체에 대해서 다루었는데도 토지 투자를 하는 사람들이 많은 것을 보면 분명히 돈이 되는 투자처임에는 틀림이 없다. 흔히 말하기를 '땅은 거짓말하지 않는다.'라고 하는데, 실제로도 그렇다. 다른 재화도 많이 올랐지만 땅값은 상상할 수 없이 많이 올랐다. 땅은 자산 가치를 보존해주는 것뿐만 아니라 자산을 불려주는 아주 좋은 수단이다. 토지는 그 특성상 원하는 사람은 많은데 땅은 한정적이기 때문에 값이 안 오를 수가 없다. 심지어 불법 기획부동산 업체에 터무니없이 비싼 값에 속아서 산 땅도 시세가 올라서 본전은 물론이고 시세 차익을 수십 배 보았다는 말도 간간이 들을 수가 있다. 이런 사례는 다른 투자처에서는 찾아보기 힘든 사례이다. 원래 가격보다 터무니없이 비싼 값에 샀는데 본전은 물론이고 시세 차익까지 챙겼다니 말이다. 이런 이야기는 토지니까 가능하다.

이렇게 가치가 있는 것이 토지이니만큼 간척이다 뭐다 토지를 늘리려는 사람들의 노력이 보이기도 한다. 하지만 간척은 많은 이들이 알다시피 환경오염 문제로 일각에서는 우려가 크다. 또 지가 상승을 목적으로 나무를 무단으로 벌목하여 이 경우도 해당 개인에게는 수익을 가져다줄지는 모르겠지만 결국 우리 모두의 건강과 자연환경을 해치는 길이 된다. 토지 투자는 얼마든지 수익을 올릴 수 있는데 더 나은 방법을 놓아두고 모두에게 해가 되는 방법으로 진행하는 것을 보면 안타깝기만 하다.

내가 친하게 지내는 할아버지 한 분이 있다. 이분은 자산 가치가 수백억 원에서 천억 원에 이르는데, 사실 가까이에서 지켜보면 그냥 일반인보다 조금 더 똑똑하고 성격 좋은 할아버지로 보인다. 나는 크게 비상해 보이지 않는 이 할아버지가 어떻게 천억 원에 가까운 자산을 만들 수 있었는지 정말 궁금했다. 할아버지는 큰 화장품 공장을 수십 년째 운영하고 계셨다. 이 할아버지는 물려받은 재산도 없이 어떻게 천억 원 가까운 자산을 만들 수 있었을까? 평소 할아버지는 작은 지출에도 신경 쓰고, 외식도 보통 저렴한 곳을 이용하는 등 겉보기에도 내가 오히려 더 많은 식비를 쓰는 느낌이었다. 그 흔한 5천 원짜리 커피조차 아깝다고 믹스커피를 타서 드시는 모습을 보면서 대단하시다고 생각하며 괜히 부자가 된 게 아니라는 것을 알게 되었다.

사실상 돈 몇 푼 아낀다고 해서, 그런 절약 습관이 몸에 배어있다고 해서 부자가 될 수 있는 것은 아니다. 세금을 다 제한 월 소득이 천만 원인 사람도 아무리 절약한다고 해서 자산 가치 천억 원에 가까워질 수는 없다. 할아버지의 경우 화장품 공장으로 대박을 터뜨린 것이라고 생각하고 한동안 잊고 지냈다. 사실 당시에 화장품 공장을 봐도 천억 원에 가까운 자산을 모을 수 있겠나 싶을 정도로 엄청나게 잘되는 것 같진 않았다. 그래서인지 옛날에 잠깐 호황기에 사업이 잘되었거니 생각하고 있었다. 그러다가 정말 궁금해서 할아버지에게 직접 물어봤다.

"회장님, 공장 돌려서 천억 원을 번다는 것이 계산이 안 되는데 어떻게 하셨길래 천억 원을 버신 거예요?"

할아버지의 대답은 허무하리만큼 단순했다.

"가지고 있던 땅값이 올라서 그렇게 된 거야."

나는 처음 그 말을 듣고 '에이 무슨 땅 하나 샀다고 천억 부자가 될 수 있다고……'라는 생각을 했다. 그 말을 믿을 수 없어서 사실이 아니겠거니, 따로 일이 있었겠거니 하고 무시해버렸다. 그런데 시간이 지나고 나도 토지에 대해서 잘 알게 되다 보니 할아버지의 말은 사실이었다. 할아버지는 실제로 사업을 해서 부자가 된 것이 아니라 땅을 사서 부자가 된 것이었다. 그렇다. 땅은 천억 부자를 만드는 데에 손색이 없는 투자처이다.

부자들과 어울리면 이렇게 좋은 깨달음을 얻곤 한다. 천억 부자 할아버지에게 배운 최고의 깨달음은 다름이 아닌 '부자가 되려면 땅 투자, 토지 재테크를 하라.'는 것이었다. 할아버지가 직접 나에게 말해준 것이 아니라 내가 깨달은 것이다. 나는 지금까지 부자가 되려면 뛰어난 능력이나 타고난 사주가 있어야 가능할 줄 알았는데 현실은 이런 것들과는 확연히 달랐다. 현실에서 부자들은 그렇게 뛰어나거나 똑똑한 사람도 아니었고, 미친 듯이 열정적인 사람들도 아니었다. 그저 평범한 사람들이었는데 땅 투자를 했기 때문에 그들은 비범한 부자가 되었다. 그동안 풍문으로만 토지 투자로 돈을 벌었다는 이야기를 접했던 나는 그 이야기를 믿지 않았지만 이렇게 실제 토지 투자로 부자가 된 사람을 보니 한동안 신선한 충격에 빠질 수밖에 없었다. '이렇게도 부자가 되는구나.', '이래서 부자들이 부동산에 열광하는구나.' 그래서 나는 지금도 부동산 재테크를 한다. 부동산, 특히 토지는 쓸모가 많다.

흔히 알려지기를 토지 투자는 장기투자로만 생각해야 한다고 하는데 이것은 사실이 아니다. 물론 10년, 20년을 보며 투자한다면 더 안정적인 투자가 가능하겠지만, 우리의 인생은 한정적이기 때문에 10년, 20년을 바라보고 투자할 필요는 없다. 자손에게 물려줄 수 있는 최고의 유산이 땅이라는 것은 맞는 사실이지만 그렇게까지 장기로 보고 투자하지 않아도 된다는 말을 전하고 싶다. 자손의 재산은 자손이 책임지게끔 하고 우리는 우리의 재산을 불리는 데에 집중하면 된다.

땅도 성토, 절토 등의 토지 형질변경 작업, 그러니까 땅을 깎아서 높이를 낮추고 땅에 흙을 쌓아서 다듬는 작업을 통해서 얼마든지 단기적으로 수익을 보는 사례가 많다. 물론 비용이 들어가는 것도 사실이지만 그보다 수익률이 비교할 수 없이 높아 일부러 모양이 문제가 있는 땅을 사서 이렇게 성형하여 고른 땅을 만들어 비싸게 파는 방법도 있다.

토지의 경우 형질변경을 한 토지는 형질변경을 하지 않은 토지에 비해 2~3배 비싼 가격으로 시세가 형성되기 때문에 최종적으로 지목 변경이 되기 이전에 형질변경을 하는 것만으로도 해당 토지의 가격이 상승할 수 있다. 이렇게 토지는 매력적인 투자 방식이다. 장기, 중기, 단기 전략에 따라 투자가 가능한 것이 바로 토지이다. 혹자는 말한다. '보험보다 우리의 인생을 더 보장해주는 보험이 바로 토지이다.'

## 6) 풍요로운 노후를 원한다면 땅 투자하라

풍요로운 노후를 원하지 않는 사람이 있을까? 풍요롭고 여유로운 삶은 누구나 원한다. 수십 년을 열심히 일하면 그런 삶을 얻을 수 있을 것 같지만 현실은 다르다. 아침 일찍 일어나 누구 못지않게 열심히 일하지만, 다람쥐 쳇바퀴 돌리듯 생활하는 모습이 아쉽게도 현재 우리의 모습이다. 심지어 '100세 시대'니 '150세 시대'니 하는 말이 나올 정도로 의료기술이 발전함에 따라 노후준비에 필요한 자금이 늘어나고 있다. 최소 수십억을 모아야 노후준비가 되었다고 할 수 있는데, 평범한 직장인으로서는 꿈도 꿀 수 없는 일이다.

지금 당장 펜과 종이를 꺼내고 노후 계획을 적어보자. 우리가 직장에서 은퇴하기까지 수십억, 아니 십억조차 모으기 힘들다는 것을 금방 알게 될 것이다. 이것은 직장생활만 해서는 답이 없다는 이야기다. 결국 창업이든 투자든 재테크든 해야 한다. 그런데 문제는 창업하자니 전문가의 영역이고, 재테크를 하려고 일반적인 펀드나 적금에 넣자니 돈이 되지 않아서 실망하게 된다. 투자 또한 사기가 얼마나 많은가? 정상적인 투자라고 광고하면서도 알아보면 도박이고, 믿고 투자할 곳이 없는 실정이다. 그 안전하다는 부동산 투자마저도 사기꾼들이 판을 치고 있으니 쉽게 엄두가 나지 않는다. 이것이 우리가 살고 있는 한국의 현재 상황이다.

많은 선택지가 있겠지만 일단 무조건 투자, 재테크는 필수이다.

다만 앞의 이야기와 같은 위험을 없애기 위해서는 투자, 재테크를 하는 우리가 먼저 확실히 알고 진행해야 한다.

노후준비를 할 때 가장 먼저 해야 하는 것은 노후준비 자금이 얼마나 되는지 먼저 계산해보아야 한다. 불과 몇 년 전만 하더라도 노후 기간을 30년 정도로 잡았으나, 요즘에는 평균 기대 수명이 늘어나면서 딱 몇 년이라고 말하기가 쉽지 않다. 여유를 두고 준비해야 하는데 이 기간이 달라지므로 노후준비를 해야겠다고 마음이 생긴 순간부터 계산하는 것이 옳다. 최소 30년, 긴 노후에 필요한 자금을 준비할 때 월 생활비가 조금만 달라져도 필요한 노후자금의 규모는 아주 크게 차이 나게 된다. 그렇다고 해서 월 생활비를 줄이면 계획한 노후자금의 규모가 늘 수는 있다. 하지만 실제 생활이 어려울 수 있기에 더 현실적으로 생각해볼 필요가 있다. 만에 하나라는 가능성으로 갑작스러운 질병이 생긴다거나 목돈이 들어가는 일이 생길 수 있기 때문이다. 이것은 보험을 들고 안 들고의 문제라기보다는 당연히 노후에 생기게 되는 문제들이다. 아무리 건강관리를 잘하더라도 사람이기에 실수할 수 있는 법이고, 성인이 되어 실수를 범하면 돈을 날리게 되는 법이다. 이러한 모든 변수를 미리 준비해야 더 편안한 노후를 보낼 수 있다.

노후대비의 첫 시작은 계획을 세우는 것이고, 계획을 더 현실적으로 세우기 위해서는 다음과 같은 노후자금 계산 방법 3가지가 꼭 필요하다.

## (1) 먼저 은퇴 시기를 선택하자

은퇴는 다양한 형태가 있는데, 본인이 원해서 일을 그만두는 은퇴가 있고, 내가 원하지 않는데 일을 강제로 그만두어야 하는 은퇴가 있다. 내가 원해서 일을 그만둘 수 있다면 아주 아름다운 상황일 테지만, 일반적인 직장에서 내가 원할 때 일을 그만둔다는 것은 거의 불가능에 가깝다. 대부분은 강제로 일을 그만두는 일이 많으므로 직장을 다닌다면 먼저 선배들을 보고 언제쯤 은퇴를 하게 될지 시기를 정한다.

요즘에는 내 마음에 드는 일자리가 없다뿐이지, 조금만 둘러보면 조건이 상대적으로 좋지는 않지만 일을 구하는 업체도 상당히 많다. 한국의 취업 시장은 한쪽에서는 일자리가 없어 구직난이라고 아우성이고, 다른 한쪽에서는 일할 사람이 없어 구인난이라고 아우성이다. 그러므로 강제 은퇴를 하게 되더라도 조금 더 일해야 하는 상황이라면 이런 업체를 찾아 은퇴 시기를 조금 늦추는 것도 한 방법이다.

여기서 구인난이라는 내 말에 동의하지 않는 사람도 있을 수 있다. 만약 그런 사람이 있다면 나에게 연락하기 바란다. 적어도 평균 이상의 성실함과 일에 대한 의욕만 있다면 몇 명이든, 얼마든지 취업을 시켜줄 수 있다. 그만큼 일할 사람을 못 구하는 업체들이 현재 넘치고 있다. 구직난이라는 말은 실제 '내가 일할 곳이 없다.'가 아니라 '내가 일하고 싶은 곳이 없다.'로 생겨난 말이라고 나는 확신한다.

### (2) 은퇴 후 월 생활비는 얼마나?

은퇴 후 매달 내가 사용할 생활비를 정해야 한다. 우리는 일상생활에서 사고, 실수, 질병 등의 변수가 많이 생기기 때문에 이 생활비는 조금 더 여유롭게 잡아야 한다. 자녀들을 키우는 경우엔 학자금은 물론이고 돈이 몇 배는 더 들어갈 것이다. 월 생활비를 계산할 때에는 의식주에 관한 비용뿐만 아니라 병원비에 여가비용, 고정비용 등을 포함해야 한다. 생활비는 사람에 따라, 가정에 따라 다른 것이 정상이지만 대략적인 기준을 원하는 독자들이 있어 최소한의 비용을 설정해보자. 일반적인 가정이라면 최대한 절약하며 생활할 때에는 매달 150만 원 정도로 본다. 그나마 평범하게 살기 위해서는 매달 200만 원의 생활비가 필요하고, 조금 더 풍요로운 생활을 위해서는 매달 250만 원 이상의 생활비가 필요하다. 그런데 과연 이 돈을 젊었을 때 직장생활만으로 어떻게 모을 수 있을까? 결국은 직장인들도 투자, 재테크를 해야 한다는 결론이 나온다.

### (3) 결혼을 했다면 배우자와의 생활비 및 혼자 살 때의 생활비를 고려한다

중요한 부분이다. 이는 맞벌이인지 외벌이인지도 중요하며, 누가 먼저 은퇴할지도 생각해야 한다. 보통 여자가 남자보다 10년 정도는 더 산다고 한다. 이때 혼자 사는 기간까지도 고려해서 노후대비를 해야 한다.

노후대비를 하려고 계획을 세우다 보면 깨닫는 것이 있다. '투자,

재테크 없이는 노후대비에 답이 없다.' 특히 직장인들은 더욱 그렇다. 창업은 선택이지만 투자, 재테크는 필수이다. 적어도 직장인에게만큼은 말이다. 그렇다면 어떻게 투자, 재테크를 해야 할까? '일하기도 바빠 죽겠는데 투자는 무슨 투자?' 이렇게 생각하진 않는가? 그렇다. 우리는 정말 바쁜 시대를 살고 있다. 바빠서 투자를 준비하지 못한다는 당신의 말에 어느 정도 공감한다. 그러므로 우리는 '바쁜 사람도 할 수 있는 투자'를 해야 한다.

과연 어떤 재테크, 투자가 가장 효과적일까? 이것은 투자상품 하나하나의 특징을 놓고 보기보다는 하나의 투자 분야 전체를 평균으로 놓고 보았을 때 주식이냐, 부동산이냐, 아니면 요즘 유행하는 가상화폐냐 이런 것을 비교해 보자.

나는 여기에 대한 답으로 주식도 아니고, 가상화폐도 아닌 부동산을 꼽았고, 부동산 중에서도 토지를 꼽았다. 왜? '주식도 장기투자를 하면 안전할 수 있잖아?'라고 할지도 모르겠다. 아마 이런 질문을 하는 사람은 투자에 대해 꽤 많은 공부를 했을 거라고 인정한다. 다만 안전성과 수익성 등 모든 면에서 보았을 때 나는 토지 투자에 한 표를 던지고 싶다. 적어도 부동산은 실체가 있으며, 제대로 된 위치의 부동산이라면 그 가치는 절대 떨어지지 않는다. 주식처럼 어떤 작전 세력에 의해 시세가 조작되기도 쉽지 않은 분야다. 막말로 부동산은 사기당해서 사지 않는 이상 망해도 그 실체가 남아 있으므로 '종이 쪼가리'가 되는 경우는 드물다.

여기서 여러분은 힌트를 얻을 수 있을 것이다. '제대로 된 위치의 부동산?' 그렇다, 땅이다. 여러분에게 내가 질문을 드리겠다. '강남의 아파트와 지방 아파트값이 다른 이유가 무엇인가?' 무엇 때문에 강남 아파트와 지방 아파트의 시세 차이가 생길까? 똑같은 건축자재로 똑같은 업체가 건축을 했다고 하더라도 그 시세는 분명히 다르다. 왜일까? 바로 땅, 위치의 차이 때문이다. 이 제대로 된 위치의 땅은 그 자체로도 희소성이 있다. 그 땅을 등기만 하면 내 소유가 되고 그때부터는 내가 팔지 않는 이상 다른 사람들은 더는 구할 수 없다. 이제 풍요로운 노후를 위해 땅 투자를 해야 하는 이유를 알겠는가? 땅 투자 외에는 답이 없다.

지난날을 돌아보라. 대한민국의 땅값은 최근 50년 새 평균 3,000배나 오르는 기록을 보여주었다. 이 수치가 믿어지는가? 내 말을 믿지 못하겠거든 당장 검색해보라. 그러니 풍요로운 노후를 원한다면 땅 투자를 하라.


### 7) 부자들은 땅을 산다

앞서 나는 천억대 자산가 할아버지의 재테크 비결을 소개한 바가 있다. 그렇다. 부자들은 땅을 산다. 왜 부자들은 돈만 생기면 땅을 살까? 다른 것은 몰라도 토지가 안전하기 때문이라고 생각한다. 다른 투자상품에 비해 시세를 수시로 확인할 필요 없이 토지의 가격은 시간이 지남에 따라 우상향하는 곡선을 보인다.

내 말이 와닿지 않는 사람도 있을 것이다. 내가 장담하건대 그 사람은 토지에 관심이 없거나 아직 공부가 더 필요한 사람이다. 생각해보라. 토지는 그 자체가 한정판이다. 똑같은 위치의 땅이란 세상에 있을 수 없으므로 한정판이라는 뜻이다. 이런 것만 생각해보아도 땅의 안정적인 가격 상승을 이해할 수 있을 것이다.

토지는 애당초 투자할 때 엉터리 땅이거나 혹은 바가지 가격으로 사지 않는 이상 손해 보는 경우가 거의 없다. 물가는 오른다. 화폐 가치는 날로 떨어지고 결국 내 자산을 지키고 불리려면 투자를 해야 하는데, 토지만큼이나 이를 완벽하게 충족시켜주는 투자처는 없다. 솔직히 다른 투자처도 안전하게 연 30% 이상, 심지어는 연 100% 이상까지도 투자수익률을 만들어 낼 수 있다. 그런데도 내가 토지를 최고로 꼽는 이유는 투자할 때 '적절한 시기'에, '적절한 땅'을, '적절한 가격'에 잘 사면 그 이후로는 신경 쓸 필요 없이 오르기 때문이다.

던져 놓기식 재테크라고 들어보았는가? 그냥 던져만 놓아도 오르는 재테크이다. 투자할 때 말고는 시간 투자도 거의 없으며, 안정적으로 오른다. 나는 토지가 적어도 현시대에서만큼은 최고의 투자처라고 말한다. 주식만 하더라도 아무리 좋은 기업의 주식을 사더라도 시세가 오를지, 내릴지 확인하지 않는가? 더군다나 지난 50년간의 역사만 보더라도 대한민국의 토지는 평균 3,000배나 올랐다. 쌀값 50배, 연탄 55.7배, 휘발유값 77.5배가 오른 데에 반에 토지의 가격 상승 현상은 기하급수적이기 때문이다. 이 현상은 앞서 설명한 토지의 '한정판'적인 요소 때문에 앞으로도 이런 현상을 보일 수밖에 없다.

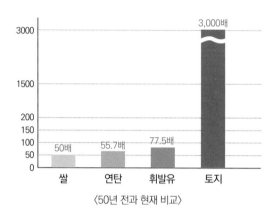

〈50년 전과 현재 비교〉

똑같은 흙, 똑같은 모양이 있는 땅이 있을지는 몰라도, 똑같은 위치의 땅은 세상에 존재하지 않기 때문이다. 강남의 부동산 가격과 지방의 부동산 가격이 차이 나는 것은 무엇 때문일까? 결국 땅이며, 건물의 가치도 결국 땅이 결정한다.

우리가 지금 건물 투자를 하려고 하더라도 결국은 '그 땅의 건물'을 사려고 하는 것이다. 그 땅이 없다면 건물 자체도 무용지물이다. 생각해보라. 건물은 찍어낼 수 있고, 감가상각이라는 손실이 존재한다. '감가상각', 건물은 날이 갈수록 그 가치가 감소한다. 반면 토지는 낡은 땅이 없다. 세상에 '낡은 건물'이라는 표현은 있어도 '낡은 땅'이라는 표현은 없다.

오랜 시간 동안 토지는 부자들의 은밀한 소유물로 여겨져 왔다. 하지만 현대에는 '지분 투자'라는 개념이 생겨서 몇천만 원 소액으로도 투자할 수 있게 되었다. 물론 지분 투자에 리스크가 있는 것은 사실이다. 이에 대해서는 나중에 또 다루겠지만 공유지분 등기 방식의 토지 투자를 한다면 개인이 자유롭게 사고파는 데에 아무런 문제가 없다. 가장 큰 문제는 그 땅이 어디에 있느냐이다. 제대로 된 위치의 땅을 산다면 투자해놓고 신경 쓸 필요가 없다. 1년에 100%, 200% 수익률 올려도 신경이 많이 쓰이는 투자처라면 나는 차라리 땅에 묻어둔다. 남들은 몰라도, 나는 그렇다.

부자들 또한 이런 이유로 땅을 사는 것이라고 나는 생각한다. 건물주처럼 악덕 세입자에게 월세 받기 위해 전전긍긍하지 않아도 되고, 정부 규제와 세금에 머리 아파하지 않아도 된다. 그야말로 묻어두고, 안심하고 재테크할 수 있는 최고의 효율을 내는 투자처는 땅밖에 없다.

# III

# 초보도 돈 버는
# 땅 투자 노하우 I

# 01

## 땅을 사는 이유가 분명해야 한다

'땅을 사는 이유? 그냥 그런 거 따지지 말고 사면 되지. 머리 아프게 그런 걸 왜 따져?'라고 하는 사람이 있을 수 있다. 그저 땅의 소유자, 지주라는 타이틀만을 원한다면 아무 땅이나 사면 된다. 단돈 몇백만 원에도 지주가 될 수는 있지만, 그 땅으로 과연 수익을 올릴 수 있을까? 하다못해 어떤 행위라도 할 수 있다면 다행이다.

많은 사람이 토지 투자를 하면서 땅을 사는 이유나 목적을 분명하게 하지 않고 매매할 땅을 알아보러 다닌다. 목적을 분명하게 하지 않은 이런 투자는 만족은 그렇다 치고 좋은 수익을 내기 위한 전략은 되기 어렵다고 본다. 그렇기에 땅을 제대로 알고 투자하는 사람들에게는 희소식이기도 하다. 이렇게 땅을 사는 이유가 명확하지 않기 때문에 아무 땅이든 다 투자의 대상이 될 수 있기 때문이다. '목표가 없는 사람은 목표가 있는 사람에게 이용당한다.'는 이야기가 있다. 이것이 딱 그 이야기가 아닐까? 투자면 투자! 행위용 땅이면 행위용 땅! 각각 목적에 따라 맞는 땅을 선택해야 나중에 생각해보아도 후회 없는 선택이 될 수 있다.

나는 토지시장을 처음 접했을 때 지분 투자에 대해 좋지 않은 인식을 가지고 있었다. '건물 짓기도 어려운 토지 지분 투자를 왜 하는 거지, 왜?' 하는 의문점으로 이해가 되지 않았다. 차라리 단 필지로 완전한 내 땅을 사서 건축물도 짓고 마음대로 하는 것이 좋을 것 같은데, 지분 투자라고 하니까 이해가 되지 않았었다. 더구나 사기성 기획부동산 업체들이 자주 사용하는 것이 지분 등기 방식의 지분 투자라고 하니 더더욱 의심이 갔다. 그러면서 '왜 굳이 이런 방식으로 땅을 사는 거야?'라는 의문으로 토지 투자 초보자 시절에는 쳐다도 보지 않았다.

이런 의문은 내가 꽤 큰 규모의 투자 진행을 하면서 깨지게 되었다. 확실한 투자 아이템이 있어서 연 30%의 투자수익률을 기대할 만한데, 이것을 진행하기 위해서는 수중에 필요한 종잣돈이 많이 부족한 상황이었다. 그래서 주변 친한 지인들에게 이 투자 프로젝트의 지분을 나눠주고 돈을 투자받아서 그 투자 아이템을 잡았다. 마침내 기대했던 30% 이상의 투자 수익을 보게 되어 프로젝트 참

가자들에게 지분에 맞게 수익률을 나누게 되었다.

앞의 이야기로 깨닫는 것이 있지 않은가? 그렇다. 지분 등기 방식의 투자는 무조건 나쁜 것만은 아니다. 쓰기에 따라 탁월한 소액 투자 방법의 하나가 될 수 있다. 다만 가장 중요한 것은 투자 대상, 그러니까 만약 땅이라고 한다면 그 땅이 정말 확실하게 오를 수밖에 없는 땅이어야 한다. 이를테면 역이 들어서는 역세권 내의 땅이면서 그 영향으로 용도변경이 될 수밖에 없는 땅이라던지, 애당초 내가 개발정보를 미리 알고, 그 도면 및 자료를 확인할 수 있어서 확실하게 가지고만 있으면 시세 차익을 볼 수 있는 땅 등이다. 이렇게 정말 '내가 정확히 알고' 투자할 수 있는 것이라면 지분 투자도 무리가 없다. 하지만 많은 이들이 오로지 가까운 지인이 추천한다는 이유만으로, 또는 부동산 박사나 전문가들이 추천한다는 이유만으로 정확한 확인 절차도 없이 투자하기 때문에 지분 투자로 손해를 봤다는 이야기가 나온 것이다. 아마 이렇게 잘 알아보지 않고 투자한 분들은 꼭 지분 투자가 아니더라도 손해를 봤을 것이라는 생각이다. 모든 투자는 정보에서 시작이 되는데, 투자에 실패한 이들은 다른 사람에게 선택권을 주었기 때문이다. 이런 경우의 투자는 대부분 좋은 결과를 내기가 어렵다.

많은 사람이 아직도 사기라는 것이 분명하게 보이는 곳에 투자하고 있다. 알면서도 그렇게 믿고 싶은 것인지 의심이 될 정도로 빠지는 사람들이 많다. 평소에는 그렇게 똑똑한 체하는 사람들이 말이다. 일명 '먹튀', 투자금을 받고 도망가는 도박 업자들에는 그렇게 나 많은 관심을 보이면서 정작 토지 지분 투자를 하는 사람들에게 는 전부 '기획부동산 사기꾼'이라며, 혼자 단정해버리고 눈가리고 귀를 닫는다. 너무나 안타까운 모습이다.

지분 투자가 왜 안 좋은가? 모두 투자하는 목적을 확실히 하지 않고, 투자하려고 하기 때문이 아닌가? 세상에 내가 사용하기에도 좋고, 시세 차익 및 수익을 보기에도 좋은 투자상품이 항상 있다면 좋겠지만 그렇게 다 따지고 보면 '먹을 만한', '맛있는' 투자상품이 정말 몇 없다. 찾기가 어렵다. 적어도 초보자들에게는 말이다. 그러 므로 겨우 몇 권 읽었다고, 교육 몇 번 받았다고 혼자 투자하기보다 는 믿을 만한 멘토와 함께 투자함이 옳을 수도 있을 것이다. '옳을 수도' 있다는 것은 토지 투자를 시작한 지 얼마 안 되었지만 실력과 안목이 있는 사람이 있을 수 있다. 그렇지만 내 경험에 비추어 보면 설령 그렇다 하더라도 대부분 안목과 실력, 경험이 있는 믿을 만한 멘토와 함께하는 것이 안전하다.

이번 장의 가장 중요한 포인트는 '땅을 사는 목적이 분명해야 한 다.'는 것이다. 그래야 그 목적에 특화된 땅을 찾아서 투자할 수가 있다. 지금 여러분에게 질문 한 가지 드리겠다. 오로지 '투자 목적' 인 땅으로 시세 차익 3배를 볼 수 있는 땅과 '투자 목적도 되면서, 사용할 목적'인 땅으로 1.5배를 볼 수 있다면 어떤 것을 선택하겠 는가? 당연하게 분명하게 목적이 있는 땅을 선택하지 않을까? 억지 같은 이 비교가 현실에서는 더욱 뚜렷하게 보인다. 그러므로 목적에 맞는 땅 투자를 해야 한다.

목적을 정확히 하고 투자에 임하면 그에 맞는 땅을 더욱 쉽게 찾을 수 있다. 투자 방법도 꼭 필요한 부분만 사용하기에 많은 수익을 기대할 수 있으면서도, 오히려 단순하고 쉽게 할 수 있는 것이다.

돈이 되는 일에는 항상 사기꾼들이 넘쳐나는 것 같다. 적어도 내가 본 바로는 그랬다. 돈이 되는 곳이면 어딜 가나 그런 이들이 있었다. 토지시장에도 있다. 아니 넘쳐난다고 표현하는 것이 옳을 것이다. 나는 우선 그들에게 신분증을 요구하지만, 그것만으로 모든 위험이 사라지는 것은 아니다. 그러므로 투자는 믿을 수 있는 확실한 전문가와 함께 하는 것이 최상이다. 경험자, 실력자들에게 사기, 손실 등은 피할 수 있는 위험 요소지만, 초보자들에게는 그렇지 않기 때문이다. 어쩔 수 없는 현실이다.

# 나는 투자 지역 분석을 쉽게 한다

'개발 호재' 부동산 투자하는 사람들에게는 아주 매력적인 단어다. 국내에는 수많은 부동산회사가 있는데, 그곳 직원들의 말을 들어보면 개발 호재 영향이 안 미치는 물건을 찾아보기가 힘들 정도다. 투자 지역 분석을 혼자 못하는 사람에게는 혹할 수밖에 없는 내용이다.

이렇게나 많은 개발 호재가 있는 부동산 물건들을 권유받고 투자하는 투자자들이 많은데, 왜 누구는 돈을 벌고, 다른 누구는 돈을 잃을까? 그 많은 개발 호재들이 사실이라면 돈을 벌어야 정상인데 말이다. 나는 이러한 현상의 가장 큰 이유를 타이밍이라고 본다. 개발 호재 영향이 미치지 않는 부동산의 경우는 당연하고, 개발 호재 영향권 내의 부동산을 사더라도 타이밍이 적절하지 못하면 돈을 벌기가 어렵다. 우리가 '강남 불패'라고 하지만 부동산 투자를 할 때 굳이 강남을 고집하지 않는 이유는 해당 부동산의 값이 오르기 전에 사야 돈을 벌 수 있기 때문이다. 값이 이미 오를 대로 오른 부동산은 올라도 투자금 대비 큰 수익을 내기가 상대적으로 어렵고, 투자금도 많이 들며, 거품 가격인 경우가 더러 있으므로 주식과 같은 (반?)도박을 해야 한다.

재테크의 묘미는 자본이 우리를 대신해 돈을 벌게끔 하는 것인데, 매일 주식 현황판 보듯이 시간을 들이게 되면 '차라리 사업을 하는 것이 낫지 않을까?'라는 생각도 한다. 나 또한 투자로 일반인들은 상상도 못할 최소 연 투자수익률 100%도 낼 수 있다. 하지만 투자금이 몇 년 묶일 수도 있는 위험을 감수하고 굳이 토지를 하는 이유는 토지 투자가 가장 투자다운 투자이기 때문이다. 제대로 된 위치의 땅을 사놓으면 그 뒤로는 신경 쓸 필요 없이 값이 올라있다. 주식투자처럼 매일 주식 현황판 보는 시간으로 낭비하지 않아도 된다. 토지 투자는 그냥 나중에 값이 오르고 누군가 자신에게 토지를 팔라고 할 때, 혹은 내가 팔고 싶을 때 팔면 된다. 제대로 된 위치의 땅을 미리 알고 샀다면 이것은 당연한 이야기다.

토지는 간척지건, 일반 토지건 그 위치이기 때문에 의미가 있다. 강남의 건물이 비싼 이유도 강남이라는 위치에 있기 때문이지, 그 건물이 지방으로 옮겨간다면 그 값을 유지하기란 불가능하듯이 말이다. 이렇듯 토지는 새로 만들어내거나 불릴 수 없으므로 제대로 된 위치의 땅을 산다면 충분한 매력이 있다. 그렇다면 이를 토대로 지역 분석을 해보자.

지역 분석에는 다양한 기준이 존재한다. 수요, 공급, 해당 지역 주민의 소득수준, 공공기관, 산업시설, 교통, 관광지 등…… 너무 어렵다. 토지 투자 초보자인 우리는 그냥 이 기준만 우선적으로 보면 된다. '내가 투자하려는 지역에 인구 유입이 확실히 늘어날 것인가?', '내가 투자하려는 지역에 투자할 내 토지의 위치는 어디인가?' 이것이 가장 핵심 중의 핵심이다. 부동산에 임장하러 가면 웬만큼 부동산에 애정이 없는 사람들은 직원들이 해주는 말을 이해하지 못한다. 관광지가 들어선다는데, 산업단지가 들어선다는데 그런 변화로 인해서 왜 좋아지는지, 그렇다면 확실히 내 땅의 가격이 오를 것인지 잘 모른다. 그래서 우리는 조금 더 단순한 기준을 가지고 부동산을 볼 필요가 있다. '내 땅을 밟는 사람들이 얼마나 많아질지……' 바로 이것이다.

앞서 나는 '이미 값이 오른 부동산'이 아니라, '값이 오를 부동산'을 사라고 했다. 그렇다면 인구 유입이 늘어날 지역이면서 도로로 수용되는 등의 위험이 없는 위치의 토지를 어떻게 알 수 있을까? 이것은 '토지 명장'에서 좋은 땅 찾기 서비스를 통해 제공하고 있으니 토지 투자를 제대로 해보고 싶은 분들은 꼭 이용해보시길 바란다.

# 토지 투자 권리분석 노하우 총정리

'권리분석이 뭐지?', '왜 꼭 권리분석을 해야 할까?' 토지 투자에 처음 나서게 된 나는 권리분석에 대해 의문점이 있었다. 권리분석이 무엇인지도 몰랐고, 왜 중요한지도 몰랐다. 권리분석이란, 권리조사라고도 불리는데 부동산의 권리와 관계 등에서 하자가 있는지를 확인하고 분석하는 작업을 말한다.

이는 안전한 토지 거래를 위해서 반드시 거쳐야 하는 과정으로, 땅을 매입하는 입장에서는 반드시 해당 토지에 하자가 없는지 권리분석이 필요하다. 권리분석을 할 땐 되도록 범위를 넓히고 확실할 때까지 조사하고 하나하나 따져 보아야 한다. 이 중요한 권리분석에 대한 노하우를 살펴보자.

### 1) 모든 부동산에는 하자가 있다

권리분석을 할 땐 반드시 '하자 없는 부동산은 없다.'라는 것을 기본적으로 생각하면서 철저하게 해야 한다. 권리분석을 할 때만큼은 경찰 취조를 방불케 하듯이 꼬리에 꼬리를 무는 확인, 분석 작업을 거쳐야 한다.

### 2) 확실할 때까지, 꺼진 불도 다시 보자

권리분석은 조금이라도 의심이 되는 부분이 있다면 꼬리에 꼬리를 물고 확인해야 한다. 작은 부분이라도 안일하게 넘어가면 절대 안 된다. 정말 확실하게 눈으로 보일 때까지 확인해야 한다. 권리분석 시에는 강박증이나 편집증 환자처럼 확인하고 또 확인해야 한다.

### 3) 권리분석 범위를 확대하라

권리분석 시에는 되도록 범위를 확대하는 것이 좋다. 권리분석은 권리관계의 시점에 따라 현황권리분석과 소급권리분석으로 나뉘게 된다.

(1) 현황권리분석이란?

지금 현재의 권리관계에 대한 권리분석을 말한다.

예를 들어 현재 소유권에 문제는 없는지 확인하는 것이다. 보통 부동산 매매를 할 때 현재 소유자가 정말 소유자가 맞는지 확인하는 절차를 거치는데, 이것이 현황권리분석에 해당한다.

(2) 소급권리분석이란?

과거의 권리까지 전부 확인하는 것을 의미한다. 현재 소유권에 대한 문제뿐만 아니라 최초의 소유권등기인 소유권보존등기, 보존등기 이후에 현재 소유권까지의 여러 소유권이전등기에 문제가 없는지를 전부 확인해보는 것을 소급권리분석이라고 한다.

### 4) 감성을 차단하라

권리분석 시에는 해당 부동산에 대한 모든 감정적 요소를 차단하고 객관적으로 보아야 한다. 사실 이것은 권리분석뿐만이 아니라 부동산 투자 전반에 거쳐 꼭 필요한 부분이다.

가령 'OO지역이 개발된다. 앞으로 이쪽 땅값이 올라갈 예정이니 사두면 돈을 크게 벌 것이다.'라는 말을 하는 사람들이 있다. 스팸전화든, 지인에게든 듣게 되는 말이다. 대부분 사실과는 무관한 내용이 많은데 친하다는 이유로 확인조차 하지 않고 투자해서 손해

보는 경우가 많다. 그렇기에 부동산 투자만큼은 철저히 감정을 차단하고 객관적으로 바라볼 필요가 있다.

### 5) 오직 증거만이 답이다

권리분석을 할 때 모든 판단은 증거자료를 가지고 하는 것이 맞다. 추측만으로 판단해서는 안 되고 증거만으로 판단해야 한다. 해당 부동산에 관계된 모든 권리는 당사자들의 법률행위에 의해 이루어진 것이니, 반드시 그 진위 여부는 증거자료로 판단해야 한다.

권리분석 시 증거자료로는 각종 부동산 공부(서류)가 존재한다. 그 종류로는 토지이용계획확인서, 등기부등본, 토지대장, 지적도 등이 존재한다. 그러므로 권리분석의 시작은 해당 부동산에 대한 각종 공부를 확인하는 것이라 할 수 있다.

이때 모든 서류는 '내가 직접' 발급받아서 확인해야 한다는 것을 명심해야 한다.

예를 들어 토지이용계획확인서, 지적도, 토지대장 등을 확인할 때는 '내가 직접' 발급받아서 확인하는 것이지, 매도인이나 중개업자가 건네주는 서류를 보고 확인했다고 하면 안 된다. 이 과정에서 위조가 되는 사례가 많으니 꼭 명심해야 할 부분이다. 여기서 강조할 것은 등기부등본은 거래 당일에 직접 발급받아야 한다. 과거에 발급받은 등기부등본은 위험할 수 있다. 짧은 며칠 사이에도 내가 모르는 권리변동이 일어날 수 있기 때문이다.

## 6) 현장을 꼭 방문하라

토지 권리분석은 공부만 확인한다고 되는 것이 아니다. 공부를 확인하고 난 다음에는 공부에 나와 있는 내용이 실제 사실인지를 확인하는 것이 매우 중요하다. 공부상의 내용과 현재 상황이 일치하는지는 투자자인 '내가 직접' 현장을 방문해서 확인해야 한다. 토지 권리분석 시에는 해당 토지가 속한 지역 주민들의 정보 및 증언도 큰 도움이 되니, 되도록 많은 이들에게 질문해보는 것도 좋다. 예를 들어 등기부상의 현재 소유자가 실제 소유자인지 확인하는 방법은 바로 해당 지역 주민들에게 물어보는 것도 도움이 된다.

## 7) 돈이 될 땅인가?

토지 투자는 기본적으로 미래의 전망을 보고 투자한다. 미래에 가격이 오를 땅을 사는 것이다. 일반적으로 토지 투자 초보자들은 싼 땅만 찾는다. 싸게 사야 하는 것은 맞지만, 더 중요한 것은 '이 땅이 추후 팔릴 수 있는 땅인가?'이기 때문에 무작정 싼 땅만 고집하다가 팔기 어려운 땅을 사는 수가 있다. 가격이 아무리 오른다고 한들 팔리지 않는 땅은 의미가 없다. 토지 투자에서 가장 중요한 것은 현재가치보다 미래에 가격이 오를 수 있는 위치의 땅인가이다.

## 8) 미래에 땅을 구하는 사람이 많아질 지역인가?

이것은 수요와 공급의 원칙에서도 볼 수 있는데, 해당 지역에 땅을 구하는 사람이 많을수록 가격은 올라가게 되어있다. 투자자든 실수요자든 땅을 구하는 사람이 많아질 지역이라면 투자가치가 있다. 그러므로 노련한 투자자는 개발계획과 개발 호재가 풍부한 지역의 땅을 찾는다. 대기업이 투자하고, 고용 창출이 일어나며, 인구유입이 되는 곳의 땅을 찾아야 한다.

## 9) 유동인구가 많은 곳이 답이다

아주 기본적인 내용이다. 개발은 고용을 창출하고 유동인구가 많아지게 한다. 이에 따라 도로, 철도를 늘리고, 주거단지, 상업시설, 문화시설, 체육시설, 종교시설, 교육시설 등이 동시다발적으로 개발되기 때문이다. 이런 지역의 땅은 필연적으로 그 가격이 올라가게 되어있다. 아무리 훌륭한 전망의 땅이라 하여도, 그 땅을 밟는 사람이 없다면 개발업자들은 그 땅에 관심이 없다. 수익성이나 환금성에 문제가 있을 것이기 때문이다.

## 10) 적절한 투자 타이밍을 찾아라

이 부분에서 토지 투자가 장기투자가 될지, 단기투자가 될지 정해진다. 현재 계획단계인지, 확정단계인지, 착공 단계인지, 완공 단계인지를 확인해보고 투자를 고려해야 한다. 남들보다 빠르게 돈이 되는 땅을 알고 있으면 분명 싼 가격에 땅을 살 수 있지만 오래 기다려야 할 수 있고, 또 너무 늦게 투자하면 투자 수익을 내지 못할 가능성이 있다. 오르기 직전, 혹은 조만간 오를 시점에 땅을 사면 토지 투자도 단기에 수익을 볼 수가 있다.

여기까지 토지 투자를 안전하고 쉽게 만들어주는 권리분석의 원칙에 대해 살펴봤다. 권리분석만 잘하더라도 토지 투자는 성공할 수가 있는데, 이 장에서 다루었던 권리분석 원칙을 따라 거래를 진행하면 분명히 성공적인 토지 투자를 할 수 있으니 잘 인지하시기를 바란다.

# 역세권이라고 다 좋은 것이 아닌 이유

'역세권'이란? 지하철역의 세력이 미치는 권역이라는 뜻이다. 이를 본따 숲세권, 팍세권, 학세권, 의세권, 스세권, 맥세권 등 다양한 세권이 존재한다. 그중 단연 으뜸은 역세권으로 알려져 있는데, 이번 장에서는 역세권에 관련한 이야기를 해볼까 한다.

역세권은 토지 투자에서 가장 중요한 요소인 입지, 해당 토지 위치의 가치를 결정짓는 중요한 요소다. 그렇지만 역세권이라 하여 모두 다 같은 역세권으로 볼 수 없다. 지하철역까지의 거리가 얼마나 되는지, 자로 재어본다고 해서 역세권 조사를 다 끝낸 것이라 할 수 없는데, 역세권에서도 핵심은 일자리이고, '회사까지 접근하기 얼마나 좋은가?'가 역세권의 핵심 요소라고 보면 된다.

서울을 예로 들자면 강남이나 도심, 여의도권까지 얼마나 빠르게 갈 수 있냐가 가장 중요한 부분이다. 이렇듯 역세권이라 하여 다 같은 역세권이 아니며, 지하철역이 들어선다고 하여 모두 같은 호재로 받아들여서는 안 된다.

앞서 살펴본 것과 같이 역세권에도 깊이가 있다. 좋은 지하철역은 일자리가 많은 지역을 지나는 지하철역이어야 한다. 서울의 많은 지하철 노선 중에서도 2, 3, 7, 9호선이 더욱 의미가 깊은 이유도 일자리가 풍부한 강남을 지나기 때문이다. 이뿐만 아니라 도심과 여의도권을 지나가는 5호선도 꽤 좋은 노선으로 친다.

이와 다르게 강북을 돌아서 나가는 6호선 및 강남을 지나가지 못하고 강북으로 빠지게 되는 4호선은 아쉬움이 많은 노선이다. 물론 이러한 평가는 다양한 의견이 있을 수 있지만, 해당 노선의 주변 상황을 보면 나의 평가가 괜한 것이 아님을 알 수 있을 것이다.

요즘은 서울 어디를 가든, 근처에 역 하나는 있다고 할 만큼 지하철은 매우 촘촘하게 들어서 있다. 현재도 다양한 지하철 노선이 공사 중에 있는데, 여기서도 가치가 넘치는 역세권을 찾는 것이 관건이다. 강북의 외곽을 잇는 강북 횡단선의 경우만 하더라도 이 지하철 노선 자체가 강남북 균형발전에 큰 기여를 할 것이다. 하지만 타 노선에 비해 경쟁력이 있다고 하기에 많이 아쉬운 것은 사실이다.

서울의 외곽부터는 역세권이라고 하여도 그 범위를 좁혀야 한다. 예를 들어 서울은 지하철역에서 반경 1km까지, 그러니까 역에서 도보 10분 거리를 역세권이라 할 수 있지만, 외곽부터는 역에서 반경 300~500m, 즉 도보 5분 내 등으로 그 범위를 좁혀야 한다는 말이다.

개발전 (2002년)
99,000원

12배 상승
공시지가변동현황

역세권지구지정 (2014년)
1,313,000원

〈2008년 경기도 가평군 가평읍 달전리 438〉　　〈2020년 경기도 가평군 가평읍 달전리 438〉

　특히 역세권은 역까지의 거리가 '걸어서 이동할 수 있는지', 아니면 '버스로 이동해야 하는지' 등에 따라 가격 차이가 심하다. 서울 외곽 쪽에서는 되도록 지하철역에서 거리가 멀지 않아야 하고, 지하철역의 출구 방향 또한 영향을 주게 된다. 즉 서울 외곽일수록 범위를 좁혀서 투자해야 안정적인 투자가 가능하다는 말이다.

　이와 다르게 지방의 지하철 역세권은 서울 및 수도권의 역세권이 보여주는 영향력에 미치지 못하는데, 지방은 지하철보다 버스나 자동차를 더 많이 이용하는 경향이 있기 때문이다. 서울뿐만 아니라 지방에서 잠시라도 살아본 사람은 공감할 수 있는 내용이다. 이렇듯 서울과 지방의 통학권은 매우 다르다는 것을 생각하고 있어야 한다.

딱 여기까지만 알아도 역세권이라고 해서 다 같은 역세권이 아님을 알 수 있을 것이다. 특히나 악덕 부동산 업체들은 해당 부동산 물건이 호재가 아님에도 이것저것 다 갖다 붙이는 경향이 있으므로 조심해야 한다. 아무리 같은 나라에 있는 땅이라고 해도, 서울에 아무리 많은 호재가 있다고 해서 부산에 있는 땅의 가치가 오르는 것은 아니지 않은가?

# 땅 투자의 골칫덩어리들

투자 목적이든 실제 사용 목적이든 사람들은 땅을 사면서 가끔 실수할 때가 있다. 요리할 때 재료 한두 가지쯤 빠뜨려도 인생에 큰 영향을 주지 않지만, 부동산 투자를 할 때 실수를 하게 되면 목돈이 묶이거나 수십 년 혹은 평생 골칫덩어리가 될 수 있기 때문이다.

부동산 매매는 거금이 오가는 거래이기 때문에 막연히 '비싼 수업료'를 낸 것이라고 넘겨버리기에는 그 액수가 너무나 크다. 토지 매입을 계획하면서부터 위험성이 있는 토지는 제외시켜야 '안정적으로 부자가 될 수 있는' 그런 토지 투자가 가능하다. 만약 땅을 샀는데 사용하기는커녕 돈도 되지 않는다면 그저 '지주'라는 타이틀을 위해 땅을 산 것밖에는 되지 않는다.

땅 투자를 할 땐 골칫덩어리가 많다. 맹지, 완충녹지, 비오톱 1등급, 그린벨트, 묘지 등 워낙 말들이 많은 용어들이기에 이런 용어들이 붙은 땅을 다루기도 부담스러운 것이 사실이다. 다루기 어려운 땅이라기보다는 이런 땅을 사면 조롱거리가 되거나 사기꾼으로 몰리기 딱 좋기 때문이다.

이런 부분에서 사람들에게 토지와 관련된 일을 하고 있다고 하면 무작정 '불법 기획부동산'이라는 인식을 받기가 쉽다. 그래서 이 글을 쓰고 있는 나 또한 한동안 지인들에게 내가 하는 일을 밝히지 않았을 때도 있었다.

사람들은 그 속사정을 파악하기보다는 널리 알려진 나쁜 이미지를 먼저 떠올리기 때문이다. 자신에게 직접 피해를 준 것도 아닌데 선입견으로 정직하게 일하는 사람들까지도 오해하곤 한다. 확실히 알아보기보다는 그냥 토지 관련업을 한다고 하면 그냥 '기획부동산'으로 치부하고, '저런 그린벨트로 묶인 땅도 경우에 따라 투자용으로는 괜찮지.'라고 하면 무조건 사기꾼 취급하고 만다. 이런 상황을 너무나도 잘 알기에 굳이 처음부터 나를 잘 드러내지 않는다. 의심이 많은 사람에게 지식을 주기 위해서 소중한 내 시간과 노력을 낭비하기 싫기 때문이다.

이번 장에서는 토지 투자에 있어서 이렇게 까다로운 골칫덩어리들에 대해 다루어보자. 그래서 인터넷에 흔히 퍼져 있는 정보가 때로는 사실이 아닐 수 있음을 여러분에게 전하고 싶다.

자, 먼저 맹지부터 알아보자.

맹지란 '지적도상 도로와 접근해있지 않은 땅을 맹지라고 한다.'라고 사전에 나와 있는데 쉽게 말해 지도상에 도로와 붙어있지 않은 땅을 맹지라고 하는 것이다. 이렇게 쉽게 표현할 수 있는 용어를 왜 그렇게들 어렵게 표현하는지 이해되지 않는다.

아무튼 도로와 붙어있지 않고, 주변 다른 사람 소유의 토지로 둘러싸여 있기에 걸어갈 수 있는 도로나 길이 없어, 다른 사람의 토지를 밟고 가야 하는 땅을 맹지라고 한다. 이런 땅은 건물도 지을 수가 없는데, 건축법에서는 2m 이상 도로와 붙어있어야만 건축허가가 나와 건축물을 지을 수 있다. 하지만 맹지는 도로 자체가 없으므로 건축물을 지을 수가 없다. 이것만 보아서는 완전 가치가 없는 땅으로 보일 수 있다. 실제 내가 건물을 세워서 사용할 것이라면 피해야 할 땅이지만 오로지 수익 목적의 투자용 토지라면 경우에 따라 좋은 땅이 될 수도 있다. 토지는 맹지냐, 맹지가 아니냐를 따지기 전에 '어디에 있는 땅이냐?'가 가장 중요하기 때문이다.

만약 우리가 알고 있는 지금의 강남 땅을 수십 년 전 논, 밭, 임야이던 시절에 살 수만 있다면 맹지든, 맹지가 아니든 무엇이 중요한가? 투자의 목적은 오로지 수익인데, 땅 가격이 오르면 되고, 제때에 팔리는 땅이면 아무 문제가 없지 않은가? 인터넷 글에서 '맹지면 무조건 피하라.'고 하니까 맹지를 안 좋게만 여기는 투자자들이 많은데, 맹지라도 괜찮은 땅이 있다. 물론 투자용이라는 가정하에서다.

물론 맹지가 다루기 어렵고 사용하기 위해서는 토지사용 승낙서를 필요로 하는 등의 어려움이 있을 수는 있지만, 앞에서 밝힌 대로 투자용이라면? 오히려 맹지이기 때문에 더욱 가치가 있을 수 있다. 더 저렴하게 살 수 있기 때문이다. 다만 이 글을 읽고 오해해서 맹지에 무조건 투자하지 마시길 바란다. 내가 맹지라도 상관이 없다고 한 땅은 '투자용'이면서, '개발 호재가 넘치는 지역에서도 좋은 위치의 땅'이어야 한다는 전제하에서다. 이 부분은 오해가 생길 수 있으니 애매하면 투자 전에 꼭 나에게 문의하시기를 바란다.

마찬가지로 그린벨트와 비오톱, 묘지도 그렇다. 이것은 역사가 증명해주고 있는데, 다만 이를 악용할 수 있는 악덕 부동산업자들이 많은 것도 사실이기 때문에 이 또한 투자 전에 나에게 문의하시기를 바란다. 인터넷에 올라와 있는 정보라고 해서 다 맞는 것이 아니며, 예외가 있다는 사실을 전해주고 싶다. 여러분이 이런 부분을 깨달았다면 나는 그것으로도 만족할 것 같다.

어느 날 한 투자자에게서 문의가 왔다. 그 투자자의 말로는 자기가 바닷가 근처의 땅을 샀는데, 괜찮은 땅인지 확인을 해달라는 것이었다. 얼핏 보기에는 좋은 위치의 땅이었으나 토지이용계획확인서를 보니 완충녹지였다. 무려 80% 정도가 완충녹지에 들어가서, 부푼 기대감을 갖고 있는 이 투자자에게 '땅을 잘못 사셨습니다.'라고 말하기 위해 애를 썼던 기억이 있다.

완충녹지란 대기오염이나 소음, 진동, 악취 등 공해와 자연재해, 사고가 생길 우려가 있는 지역과 주거지역, 상업지 등을 분리할 목적으로 두 지역 사이에 설치하는 녹지를 뜻한다. 말 그대로 못 쓰는 땅이다.

완충녹지는 건축이 불가능하고, 진입로 설치도 안 된다. 실사용 목적뿐만 아니라 투자 목적으로도 적합하지 않은 땅이다. 완충녹지의 경우에는 토지이용계획확인서를 살피면 완충녹지인 것을 파악할 수 있으니 투자 전 잘 살펴보자.

# 묘지가 있는 땅에 투자해도 될까?

묘가 들어서 있는 땅을 우리는 묘지라고 한다. 이는 지목 자체의 이름도 묘지인데, 보통사람들은 묘지 땅에 투자하기를 꺼린다. 이는 묘지 땅이 주는 음침한 느낌 때문이라기보다는 인터넷에 잘못 알려진 정보들로 인해 묘가 들어서 있는 땅은 무조건 투자 목록에서 제외해야 한다는 글들 때문인 것 같다.

지금도 안전하고 성공적인 투자를 위해 열심히 공부하고 있는 여러분들에게 질문 한 가지 하고 싶다. 과연 그럴까? 묘가 들어서 있는 묘지라고 해서 무조건 개발이 안 될까? 혹은 개발이 되더라도 묶이거나 수익을 가져다주기에 많은 문제가 생기는 것일까?

나는 불과 얼마 몇 년 전까지만 해도 지목이 묘지인 땅들이 상업지로 바뀌는 모습을 많이 보았다. 뿐만 아니라 가격이 수십 배 오르는 경우를 보았다. 묘지인 땅이 경매장에 나와 애당초 감정가보다 26배나 더 높은 가격에 낙찰되는 경우도 보았다. 왜 그럴까? 인터넷에 흔히 알려진 경우라면 묘지 땅에 투자했을 시 애물단지가 될 확률이 높은데도 말이다. 이것은 토지 투자에 있어서 지목이 땅의 가치에 큰 영향을 주지 않는다는 것을 말해주는 중요한 증거라고 말하고 싶다.

현재 내가 투자하려는 땅이 임야이든, 대지이든 논, 밭, 묘지이든 가격만 오르면 됐지, 지목이 무슨 상관인가? 그냥 내가 투자한 값보다 비싼 값에 팔린다는 보장이 되는 땅이라면 그냥 투자하면 되는 것이다. 그 땅이 묘지이든, 구거(溝渠: 용수, 배수를 위해 일정한 형태를 갖춘 인공수로와 둑 등 부지와 자연의 유수가 있을 것으로 예상이 되는 소규모 수로 부지)이든 무슨 상관인가? 가장 중요한 것은 해당 토지의 위치이며, 이를 토대로 분명히 누군가가 반드시 필요로 할 땅이라는 증거만 있으면 된다. 즉 누군가가 꼭 써야만 하는 위치의 땅이라는 증거만 있으면 되는 것이다.

결국 중요한 것은 지목이 아니고, 해당 지역에 개발 호재가 있는지, 그리고 그 개발 호재에 따라 개발축 안에 있는 땅인지가 중요하다. 묘지냐, 아니냐는 토지 투자의 중요한 선택 기준이 아니라는 말이다. 더 풀어서 설명해 보자. 사람들이 묘지 투자를 꺼리는 이유가 무엇일까? 바로 자기 소유의 땅이라고 해도 남의 묘가 들어서 있다면 이 묘를 함부로 옮길 수 없다는 데에 있다. 이것은 사회적인 시선이나 개인의 도덕적 기준 때문에 묘를 옮기지 못한다는 것이 아니라, 법적으로 '분묘기지권'이라고 해서 권리가 인정되고 있기 때문이다.

분묘기지권이란 남의 땅을 묘지로 쓰더라도 일정한 조건이 되면 땅의 원래 주인도 그 묘를 어떻게 하지 못하는 법을 말한다. 분묘기지권이 해당되는 묘지는 땅의 소유자가 해당 묘지를 옮기려고 하거나 개장을 하려고 해도 묘지 소유자에게 허락을 받아야 하기 때문이다. '내 땅에 있는 묘인데, 내가 어떻게 하지 못한다니? 아니 무슨 법이 이래?'라고 생각할지 모르겠지만 현실이 그렇다.

내 땅에 있는 묘라도 분묘기지권에 해당하는 묘라면 옮길 때 묘지 소유자에게 허락을 받아야 하고, 이때 묘지 소유자는 보통 대가를 요구할 것이다. 경우에 따라 묘지 소유자가 땅의 원래 주인에게 묘를 옮기는 비용을 무리하게 요구하기도 한다. 토지 소유자 입장에서는 매우 분노할 일이다.

분묘기지권의 성립 조건은 묘를 쓴 지 20년이 지났거나 토지의 주인에게 허락을 받아 묘를 쓴 경우, 혹은 토지의 주인이 묘를 쓸 때 해당 토지 매매 시 별다른 특약 없이 토지만을 판매한 경우 등이 있다.

다행스럽게도 2001년 장사법이 바뀌면서 20년 넘게 그 자리에 있던 토지라고 하여도 분묘기지권이 성립하지 않도록 바뀌었다. 2001년 1월 31일 이후에 설치된 분묘부터 적용되는데, 이것만 보아도 분묘기지권 때문에 그동안 얼마나 많은 분쟁이 있었는지 가늠할 수 있다.

다만 분묘기지권이 적용되는 땅이라고 해도 땅의 위치, 쓰임새, 발전 가능성에 따라 충분히 투자할 만한 땅인 경우도 많다. 묘지 자체가 주는 인식 덕분에 오히려 더 저렴하게 땅을 살 수도 있다. 이것을 '묘지 찬스'라고 해야 하나? 물론 묘지를 옮기는 비용, 시간 등을 계산하기는 해야겠지만 이를 해결해줄 수 있는 어떤 사건이나 우리의 노력이 있다면 묘지라도 충분히 투자할 만하다.

# 높은 가치, 저렴한 논밭 고르는 방법

땅을 구하는 사람들에게 가장 인기 있는 것은 아무래도 대도시 근처 시골의 논, 밭이다. 도시와 가까워 이동하기도 좋고, 아무것도 없는 땅에 비해 땅값이 오를 수도 있다는 기대감이 상대적으로 크기 때문이다. 옛말에도 '이왕이면 다홍치마'라고 이왕 사는 땅이면 가격이 오를 수 있는 땅을 산다는 것이다.

보통 논밭은 건물에 비해 거래량이 많지 않다. 엄연히 따지고 보면 건물 자체도 땅 위에 있으므로 토지 거래라고 할 수 있다. 하지만 건물이 있는 땅이냐, 없는 땅이냐를 놓고 봤을 때 건물이 없는 논밭 땅은 상대적으로 거래가 드문 편이다. 이 말은 논밭은 환금성이 떨어진다는 뜻이다.

집은 사람이 살아가는 데 있어서 필수조건이라고 할 수 있는 의식주 중에서 주에 해당하므로 찾는 사람이 많은 반면, 논이나 밭은 일반적으로 여유자금으로 구매를 하는 것이 보통이기 때문이다. 논밭을 구매할 때에는 찾는 사람이 많아서, 혹은 누군가 꼭 구매해야 하는 땅이라서 더 비싼 가격에 쉽게 팔 수 있는 논밭을 사는 것이 좋다.

### 1) 비싸게 팔 수 있는 논밭의 조건(법률적, 권리적인 측면 제외)

(1) 대도시에서 40km 이내에 위치한 논밭

전원주택 수요가 증가하면서 이를 찾는 수요자들을 대상으로 매매를 노려볼 수 있기 때문이다.

(2) 1~2억 원대로 쪼개어 팔 수 있는 논밭이라면 더욱 좋다

이런 땅은 소액이기에 거래가 상대적으로 수월하다.

(3) 건축할 논밭을 찾고 있다면 폭 4m 이상 붙어있는 땅을 산다

다만 시세 차익만을 원한다면 굳이 필수사항은 아니다.

(4) 일반적으로 하자가 두드러져서 헐값에 나온 땅

이런 땅 중에는 아주 좋은 투자용 땅이 있다. 면적이 좁거나 경사가 많이 진 요소보다 더 중요한 것이 해당 토지의 입지이기 때문이다. 위치는 좋은데 단순히 경사가 너무 심한 쪼가리 땅이라서 싸게 나온 땅이라면 투자할 가치가 있다. 단 사용할 목적이라면 맞지 않다. 경사도에 따라 건축허가가 나오지 않는 경우가 있으니, 건축을 목적으로 토지를 구매한다면 경사도를 보고 시군구청 건축과 등에 문의를 해보는 것이 좋다.

### (5) 상대적으로 가격이 저렴한 미개발 지역을 찾는다

그리고 나는 될 수 있으면 원형지를 찾는다. 가격이 저렴하고 개발 가능성이 풍부할수록 그 가치가 빛나기 때문이다.

분명한 개발 호재가 있거나 개발이 현재 진행되고 있으면서 인구가 많이 들어오는 지역이라면 아주 좋다. 그리고 실제 해당 토지의 가격 수준을 확인하고 되도록 저렴한 값에 사면 좋다.

이렇게 토지 투자 시에는 땅값이 저렴한 토지가 오히려 투자가치가 높다. 내가 이미 개발된 대지 땅보다 논, 밭, 임야 원형지를 더 즐겨 찾는 이유이기도 하다. 무조건 해당 토지의 현재가치만 보고 투자를 한다면, 한국에서 토지 투자를 하는 사람들은 모두 강남이나 명동 땅을 사야 맞을 것이다. 하지만 그렇지 않은 이유는 강남땅은 이미 개발이 다 되어 값이 오를 대로 올라서 논, 밭, 임야 원형지이던 시절만큼의 가치상승은 불가능하다. 그러므로 수십 년 전 논밭이던 강남이 지금의 강남이 된 것처럼 제2의 강남 같은 논밭을 찾는 사람들에게는 개발이 다 된 지역의 땅은 투자가치가 상대적으로 떨어진다.

땅값은 개발 호재 등의 이유로 상승할 때 낮은 가격의 땅값은 쉽게 많이 오르고, 높은 가격의 땅은 그 상승하는 비율을 보면 턱없이 부족한 편이다. 무엇보다 투자 시점부터 평당 많은 투자금이 들어가기 때문에 많이 구매하기도 부담스럽다. 토지 투자의 핵심은 개발 호재가 분명한 미개발지를 잘 찾아서 적절한 위치의 땅에 투자하는 것임을 잊지 말자. 개발 호재가 분명하고 개발 가치가 넘치는 땅을 선택해야 한다. 각 지방자치단체별로 잇따라 지역개발계획을 내놓는 중이다. 이러한 개발 호재는 땅값과 투자 방향을 결정짓는 요소가 된다.

언제부터인가 악덕 부동산업자들이 나타나 개발 호재를 미끼로 토지 가격을 올리고 허위정보를 퍼트리고 있다. 기획부동산이라는 용어 자체도 나쁜 용어가 아닌데, 악덕 부동산업자들의 영향으로 많은 피해자가 생겨났고, 또 이 영향으로 매스컴에서 악덕 부동산업자들을 기획부동산이라고 싸잡아서 부르는 바람에 오늘날 기획부동산이라는 단어는 부정적인 이미지가 되었다. 사실 괜찮은 기획부동산 업체도 많은데 말이다.

크고 작은 개발 호재들이 있지만 '내가' 현재 소유한 자금에 따라, 그 개발 호재의 실현 가능성을 살피며 좋은 위치의 땅을 선점하는 지혜가 토지 투자에 있어서 필요하다. 현장조사, 임장은 반드시 해야 하는데, 적어도 토지만큼은 발품을 많이 팔수록 이 발품이 내 돈을 지켜주고, 내 돈을 불려주기 때문이다. 안정적이고 수익률이 높은 토지의 장점은 이런 발품이 기본이 되어야 가능하다는 것을 잊지 않기 바란다.

땅 중에 똑같은 땅은 단 하나도 없다. 흙이 다르고, 돌멩이 개수가 다르다기보다는 위치 자체가 다르다. 이에 따라 활용 가치나 투자 수익 또한 극과 극으로 나뉘게 된다. 아무리 좋은 개발 호재 지역이라고 해도 어떤 위치의 땅을 사느냐에 따라서 손해를 볼 수도 있고, 이익을 볼 수도 있다. 그래서 오랫동안 공부를 하고도 전문가의 도움을 받으려 하는 것이다. 아무튼 토지 투자는 발품이 생명이다. 현장조사 없이는 토지에 투자하지 마라.

토지 투자는 장기투자를 할 목적으로 투자를 해야 한다. 시간이 갈수록 부동산 시장에서는 단타 매매에 따른 양도세율이 높아지고 있기 때문이다. 땅값이 많이 올라 팔기도 팔았는데, 번 돈이 세금으로 다 나가버리면 얼마나 억울하겠는가? 그러니 이런 일이 없도록 땅 투자는 보통 5년은 바라보고 도전하자. 물론 양도세를 내고도 그 수익률로 만족할 수 있다면 상관없다. 하지만 더 맛있는 수익을 위해서라면 나는 여러분이 이렇게 조금은 더 장기적으로 토지 투자를 바라보았으면 좋겠다.

나는 토지 투자 또한 분산투자를 할 것을 추천하는데, 이는 해당 토지가 토지거래허가 구역으로 묶이게 되면 그 기간에는 토지를 팔기 어려워지기 때문이다. 그렇기에 되도록 여러 군데 분산 투자할 것을 추천한다.

토지는 소액, 소규모로 쉽게 팔 수 있는 토지부터 투자를 시작하자. 처음부터 고액 투자를 하려고 하면 지식과 경험이 아직 부족한 상태에서는 위험할 수 있기 때문이다. 그러니 1~2억 원 정도의 소액 투자를 하시기를 권한다. 조금이라도 수익을 보면서 몇 번 거래를 하다 보면 자신감이 생기고 또 경험이 쌓이기 때문에 갈수록 안정적인 투자를 할 수 있다.

# 그린벨트로 묶인 땅을 왜 사?

그린벨트란 도시의 무질서한 확산 방지와 도시의 자연환경보전 따위를 위하여 국토교통부 장관이 도시개발을 제한하도록 지정한 구역을 말한다. 한국어 표기로는 개발제한구역이라고 하는데, 쉽게 그린벨트는 미래 세대를 위해서 보존해야 하는 지역을 말한다.

그린벨트로 묶인 땅을 왜 살까? 초보 투자자들은 그린벨트라고 하면 무작정 싫어하는 경향이 있다. 이유인즉 그린벨트라고 하면 개발이 될 수 없는 땅이며 개발이 될 수 없다는 뜻은 결국 돈이 될 수 없는 땅이라는 생각이다. 즉 묶인 땅이라고 한다.

정말 그럴까? 그린벨트는 수도권 내에서 개발이 무작위로 되는 것을 방지하기 위해 나왔는데 사실상 토지 투자를 잘하는 부자들은 그린벨트 땅을 더 좋아한다. 왜일까? 그린벨트를 사는 이유, 그린벨트 임야는 개발이 될 시 그 어떤 땅보다 가격 상승률이 매우 크기 때문이다. 이것은 노련한 토지 투자자들이 일반 임야를 사는 이유와도 같다. 왜냐하면 임야나 그린벨트 자체가 낮은 가격대로 형성되기 때문이다. 물론 이것 또한 입지에 따라서 가격이 천차만별이다. 비싼 땅일 경우 일반 건물을 지을 수 있는 대지 못지않은 가격대를 형성하고 있다. 돈이 되는 위치의 그린벨트 땅은 저렴하지 않다. 결국은 임야냐 그린벨트냐가 중요한 게 아니라 위치, 입지가 어떠한지가 중요하다.

그럼 그린벨트 해제에 대해서 한번 알아보자.

### 1) 그린벨트 도대체 뭘까?

그린벨트란 도시 주변 녹지공간을 보존해서 개발을 제한하고 자연환경을 보존하자는 취지로 1950년대 영국에서 유래한 것이다. 그리하여 그린벨트 내에서는 건축물의 신축이나 증축 용도변경 등의 행위가 제한된다. 물론 그린벨트 지정 목적을 위해하지 않는 선에서 국민 생활의 편리함과 이익을 위해 시설을 건축하고자 하는 등의 경우에는 허가권자의 허가를 받아서 개발 행위를 할 수 있도록 열어 두었다. 국내에서는 1970~1980년대 그린벨트가 집중적으로 지정된 뒤 1990년대부터 규제 완화 또는 전면해제 사례가 이어지는 추세라고 보면 된다.

### 2) 그린벨트 해제되는 곳은 어디일까?

그린벨트는 의미로 봐서는 보존을 해야겠지만, 여기저기서 그린벨트를 해제하는 이유는 수도권 지역의 주택 부족 문제에서부터 비롯된다고 볼 수 있다. 2020년 기준, 대한민국 전체 국토 면적에 11.8%에 불과한 수도권에 인구의 절반 이상이 거주하고 있다. 국토 면적의 0.6%, 서울에 거의 20%에 달하는 인구가 살다 보니, 수도권 주택은 항상 부족하다. 더구나 가격은 높고 가격 상승 폭도 매우 큰 편이다.

서울은 전국에서 주택이 가장 부족한 지역이기도 하다. 국토교통부의 2020년 주택 업무편람을 살펴보면 2018년 전국 주택보급률이 평균 104.2%인데 반해 서울은 95.9%에 그친다고 한다. 전국을 기준으로 봤을 때 가장 낮을 뿐 아니라 전국에서 유일하게 100%에 못 미친다. 서울 다음으로 주택보급률이 낮은 지역은 경기도와 인천으로 모두 수도권이다. 수도권 지역의 주택보급률이 낮은 이유는 집이 부족해서라기보다는 수도권에 계속 사람들이 몰리기 때문이다.

### 3) 그린벨트 해제를 반대하는 사람들

한 연구 자료에 의하면, 국민 10명 중 6명은 그린벨트 해제를 반대한다고 한다. 이렇게 예전부터 그린벨트 해제를 반대하는 사람들이 많았다.(물론 대부분 해당 그린벨트 지역의 지주가 아닌 사람들이다.) 반대 이유로는 녹지가 줄어들고, 해당 지역에 투기가 일어날 위험성이 크기 때문이라고 한다. 맞는 말이다.

그린벨트는 투자 배제 대상이 절대 아니다. 해당 그린벨트 땅이 어디에 있는지에 따라서 충분히 투자가치가 넘치는 땅일 수 있기 때문이다. 그린벨트라서 투자를 안 한다는 게 아니라, 그린벨트이기 때문에 투자할 수 있는 충분한 메리트가 있다. 임야나 그린벨트, 원형지일수록 가격이 낮고 가격 상승에 대한 기대감이 높아 건물을 지을 수 있는 땅보다 투자가치가 매우 높다.

노련한 투자 고수들은 잘 다듬어진 개발이 끝난 땅을 찾는 것이 아니라, 개발이 아직 되지 않은 하자 있는 땅을 찾는다. 여기서 말하는 하자는 진짜 하자가 아니라 하자로 보이는 것이다. 앞에서 설명했듯이 맹지라고 해서 절대 투자를 피해야 하는 대상이 아니며, 그린벨트라고 해서 절대 수익을 못 보는 땅이 아니기 때문이다. 어떤 위치에 따라서 그린벨트나 임야, 맹지, 묘지도 돈이 된다. 토지 투자 고수들은 오히려 이런 땅을 찾는다.

토지 투자할 때 명심할 것은 지목이 무엇이냐가 중요한 것이 아니라 내가 지금 투자하려고 하는 이 땅이 나에게 수익을 가져다줄수 있는 땅인지, 개발될 수 있는 그런 땅인지가 중요하다. 이 모든 것의 관건은 해당 토지의 위치에 달려 있다. 땅은 다른 거 다 필요 없다. 위치만 보면 된다. 토지 투자를 아주 전문적으로 하는 사람들은 도면을 가지고 있는데, 이 도면에는 같은 역세권이라도 그 역사, 그러니까 지하철역의 출구가 어떤 방향으로 생길 것인지 다 나와 있다. 만약 이런 정보를 해당 지역이 개발되기 몇 년 전에 미리 알고 있다면, 해당 정보를 알고 있는 그 사람은 분명히 많은 돈을 벌수 있다. 아직 개발되지 않은 토지 그 상태에서 저렴한 가격에 살수 있기 때문이다. 모두 개발된다는 걸 알고 나면 해당 토지의 가격은 오를 대로 오른 뒤이므로 의미가 없다. 남들보다 더 빨리 해당 정보를 알아야 내가 돈을 벌 수 있다. 우리는 경제 교육을 받으면서 수요와 공급의 법칙을 알고 있다. 해당 토지가 개발될 것을 알고 있다면 너도나도 사러 갈 것이 아닌가. 수요가 많으면 해당 토지 가격이 가만히 있을까? 절대 아니다. 가장 중요한 것은 개발이 알려지기 전에 내가 먼저 그 정보를 알고 좋은 위치의 땅을 사야 한다.

토지 투자는 정보가 가장 중요하다. 어떤 지역이 어떻게 개발될 것인지의 정보이다. 토지 투자자 중 상당수가 법원 경매가 아닌, 일반 토지 회사를 통해서 투자하는 이유이다. 토지 회사를 통해서 땅을 사면 분명히 거기에는 토지 회사의 마진도 포함되어 있다는 것쯤은 모두 알고 있다. 그럼에도 많은 투자자가 토지 회사를 통해서 투자하는 이유는 돈이 되는 지역과 돈이 되는 위치 정보를 알려 주기 때문이다. 물론 악덕 부동산업자들은 예외이다. 실제로 부동산 시장의 70~80% 정도는 악덕 부동산업자들이다. 뒤에서 다루겠지만 기획부동산이라는 좋은 단어를 망친 장본인들이다. 이런 상황에서 좋은 토지 회사를 만난다면 충분히 돈이 되는 정보를 얻을 수 있다. 사실 그들은 이러한 돈이 되는 정보를 알려 주기 위해서 안달이 난 사람들이다. 나는 관련 사업을 하면서 안타까운 사실을 발견했다. 진짜 좋은 땅을 팔려 해도 판매를 하지 못해서 경영난을 겪고 있는 업자들이 많다는 것이다. 그들은 좋은 취지에서 사업을 시작하고 좋은 땅을 선별해서 가지고 있지만 잘 팔지를 못한다. 물론 그런 회사를 발견하고도 좋은 회사인 줄 몰라서 좋은 투자 기회를 놓치는 초보 투자자들이 많다. 아마 이 정직한 업자들이 악덕 부동산업자, 흔히 기획부동산업자라고 불리는 사람들에게 피해를 가장 많이 본 장본인들일 것이다. 이렇게 보면 좋은 정보를 구별할 수 있는 능력도 공부하여 안목을 키워야만 가질 수 있는 것 같다.

수십 년 전 강남도 논밭이던 때가 있었다. 지금보다 몇백, 몇천 배 이상은 저렴했을 그때 강남을 분양하던 토지 회사가 없었을까? 분명히 있었고, 그때 분명 강남이 개발될 것이라는 말을 듣고도 투자를 하지 않았던 사람들이 있을 것이다. 물론 지금 땅을 치고 후회하겠지만 이미 지난 일이다. 그 귀중한 정보를 듣고 강남에 투자한 사람들은 오늘날 우리가 알고 있는 부자가 되었다. 토지 투자는 현재가치를 보고 투자하는 것이 아니라 미래가치를 보고 투자하는 것이다. 많은 투자자가 법원 경매가 아닌 굳이 토지 회사를 통해 투자하는 이유는 내가 1,000원짜리 땅을 2,000원에 사더라도 이 땅이 미래의 10만 원이 될 수 있는 정보가 확실하기 때문이다.

쉬운 예를 위해서 조금 극단적으로 말하면 1,000원짜리 땅을 2,000원에 파는 것은 불가능하고 보통 용납 가능한 선에서 진행하는 것으로 알고 있다. 혼자 토지 투자를 할 수 있을 정도의 능력과 안목, 경험이 있다면 매우 좋겠지만 그럴 수 없다면 전문가의 안목과 실력과 경험을 빌리는 것이 현명하다. 이것이 바로 혼자서 법원 경매를 하는 것이 아니라 전문적인 토지 회사를 통해 토지 투자를 하는 이유이다.

# 기획부동산 피하는 법

아마 이 책에서 가장 할 이야기가 많은 주제가 바로 기획부동산일 것 같다. 기획부동산이라고 하면 대부분 '불법', '사기', '악덕', '바가지' 등의 단어를 떠올릴 것이다. 이 글을 보는 여러분도 그렇지 않은가? 그렇다면 착각이다. 하지만 괜찮다. 나도 예전에는 몰랐고, 초보 토지 투자자 입장에서 이를 안다는 것이 더 신기할 정도니까. 내가 왜 신기하다고 표현을 했냐면 매스컴에서 기획부동산이라는 단어 자체를 그렇게 인식하게 했기 때문이다.

기획부동산이라고 하면 흔히 사기성 부동산 업체라고 알려져 있다. 이것은 매스컴에서부터 시작이 되었는데, 사실 기획부동산 자체는 나쁜 것이 아니다. 그저 부동산회사의 종류 중 하나일 뿐이며, 아직도 많은 부동산 업체들이 기획부동산으로 활동하고 있다. 기획부동산 자체는 나쁜 것이 아닌데 일부 기획부동산 업체들이 거짓말로 속여서 땅을 팔거나, 바가지 씌우는 등의 사기성 영업을 하는 것이 TV 프로그램에서 마치 기획부동산 자체가 이런 악덕업자들이라고 싸잡아서 말하는 바람에 기획부동산이라는 단어 자체가 변질된 것이다.

기획부동산에 속하면서도 정직하게 일하는 사람들이 많다. 그렇지 않고 기획부동산 자체가 문제가 되었다면 벌써 나라에서 기획부동산에 속하는 업체들은 모두 조사하고 법에 의해 죄를 물었을 것인데, 그것이 아니지 않은가?

물론 이 기획부동산 가운데 70~80% 이상은 사기꾼 내지는 자기 자신의 이득만을 생각하는 악덕 업자들이다. 이것은 단 기획부동산 업체에서만 문제가 되는 것이 아니라 돈이 되는 어떤 업종을 보더라도 악덕업자, 혹은 사기꾼들이 넘치는 것을 알 수 있다. 어딜 가도 이런 사기꾼들은 있다. 기획부동산 종류의 부동산회사들은 일부 악덕업자들 때문에 모든 기획부동산 업자들이 싸잡아서 사기꾼 취급을 받고 있다.

쉬운 예를 들어보자. 유명한 네이버 카페, 중고나라에서 중고 물품을 사거나 팔아 본 사람이 많을 것이다. 그런데 이 중고나라에도 또한 사기꾼들이 넘치고 있다. 중고나라에서 스마트폰을 시켰더니 스마트폰 대신에 벽돌이 오고, 신문지 쓰레기가 오는 등의 사기가 하루만 해도 수 건 발생한다. 그렇다고 중고나라 거래를 하는 사람 모두를 사기꾼이라고 할 수 있을까? 기획부동산도 그러하다. 토지시장이 특히 거래량이 많지 않다 보니 사람들이 매스컴에서 다루는 이야기만 듣고 모든 기획부동산을 그냥 사기꾼으로 취급하는 것이다. 모든 사실을 배제한 채 그냥 들리는 정보만을 받아들이는 것이라 볼 수 있다.

만약 토지시장도 중고나라처럼 거래량이 많다면, 사람들이 직접 경험도 해보고 관심도 가졌을 것이므로 기획부동산의 사례처럼 모든 기획부동산이 사기꾼으로 취급되는 일은 없었을 것이다. 다시 한번 말하지만 기획부동산 자체가 문제가 되는 것이라면 벌써 나라에서 기획부동산에 해당하는 업체라면 모두 조사를 하거나 관련 법의 처벌을 했어야 마땅하다. 하지만 여전히 기획부동산이라는 이름을 내걸고 정직하게 영업을 하는 업체들도 많다. 토지시장에 몸을 담고 있는 나로서는 이런 상황이 안타깝다.

그러므로 우리 토지 투자자들의 과제는 기획부동산 자체를 피할 것이 아니라 악덕 사기 부동산업자들을 피해야 한다. 법적인 사기는 아니지만 비도덕적 영업을 하는 부동산업자들이 상당히 많으며, 이는 기획부동산 업체에만 있는 것이 아님을 분명하게 말하고 싶다.

기획부동산 용어에 대해서 마지막으로 정리를 하자면 이렇다. 기획부동산이라 해서 무조건 나쁜 업체가 아니며, 기획부동산은 말 그대로 부동산을 기획해서 이윤을 추구하는 사업이라는 뜻일 뿐이다. 각종 매스컴에서 사기 분양 관련 기사가 나오면서 해당 기자들이 모든 기획부동산 업체를 싸잡아 기사를 쓰는 바람에 이런 오해가 일어난 것일 뿐이다. 다시 말하자면 기획부동산은 부동산 투자를 개인이 아닌 기업이 이익을 추구하기 위해서 부동산 상품을 기획해서 판매하는 것이다. 흔히 주식의 증권회사를 생각하면 쉽다. 기획부동산은 부동산의 증권회사인 셈이다. 그리고 기획부동산 자체의 정확한 명칭은 '부동산 서비스 컨설팅'이다.

우리가 그동안 모든 기획부동산들을 사기꾼이라고 오해하게 만든 장본인이 되는 악덕 부동산업자들은 따로 있다. 그 악덕 부동산업자들이 문제가 되는 이유는 출처가 불분명한 사실이 아닌 자료들을 가지고 과대광고를 하면서 시세보다 터무니없이 높은 가격에 바가지를 씌우거나 계약 당시 약속을 안 지키는 일 등이다. 가장 심하게는 절벽 땅을 팔면서 파는 물건과는 전혀 관계없는 정상적인 땅을 보여주는 것 등이다. 쉽게 표현하자면 부동산을 이용해서 마치 경제적인 이득을 많이 얻을 수 있을 것처럼 속여서 부당한 이득을 얻는 행위를 하는 업자를 말한다.

그렇다면 우리의 질문은 달라져야 할 것이다. '악덕 부동산업자들을 어떻게 걸러낼 것인가?' 특정 계층, 특정 분야에만 있는 것이 아니라 어떤 분야를 보더라도 있다. 앞서 예시로 들은 중고나라가 대표적인 사례이다. 사기꾼들을 구별하는 방법에는 정말 책 한 권도 더 나올 것 같지만 가장 기본적인 것을 정리해보겠다.

우선 사기꾼들은 자신의 신분을 속이려는 경향이 강하다. 이름을 속이고, 사는 곳을 속이는 등 진실이 없다. 부동산 매매를 할 때나 어떤 거래를 할 때 거래 대금을 입금하기 전에 반드시 물어봐야 한다. '신분증 좀 볼 수 있을까요?' 그리고 반응을 살펴보자. 어떻게 둘러대는지. 신분증을 선뜻 보여주지 못하는 사람이라면 문제가 있다. 뿐만 아니라 그 신분증이 진짜인지도 확인해야 한다. 요즘에는 기술이 좋아져서 신분증을 위조하는 사기꾼들도 많다. 하지만 신분증의 진위, 즉 발급일자까지도 속일 수는 없으므로 정부24 홈페이지에서 해당 신분증의 진위를 확인하기 바란다. 운전면허증은 도로교통공단의 안전운전 통합민원과 경찰청 교통민원24에서 확인할 수 있다.

나는 지금까지 살면서 평범한 사람들보다 족히 수천 배, 수만 배는 더 많은 거래를 해왔다. 당연히 사기도 많이 당해봤고 불의한 일도 많이 겪었다. 단돈 15만원부터 몇천, 몇억까지 일일이 말하기도 어렵다. 가장 힘들었을 때는 스무 살 때 고시원 월세 15만 원을 사기당했을 때였다. 이때 동네에 안 가본 파출소가 없었고, 지하철로 다섯 정거장 이상 가야 나오는 경찰서까지도 하루에도 몇 번씩 방문해서 경찰들에게 울면서 하소연했었다.

하지만 한국의 법은 정직한 사람의 편이 아니라 아는 사람의 편이었다. 경찰이라고 해서 모두가 정의를 위해 대신 싸워 주지 않는다는 것을 그때 알았다. 그렇다고 경찰이 나쁘다는 것을 말하려는 것이 아니다. 다만 법에는 민사상에서 해결할 수 있는 법이 있고, 형사상에서 해결할 수 있는 법이 있는데, 경찰들은 민사상에서 일어난 일에 대해서는 손을 써 줄 수 없다. 단돈 15만 원이 컸던 스무살 그 시절에는, 그 돈을 찾기 위해 하루에도 같은 경찰서만 몇 번을 왔다갔다 했으니, 어떤 경찰관은 내가 불쌍하다고 빵과 우유를 사 주기도 했다. 나는 이 시절 너무 억울해서 낮에도 걸으면서 울었던 기억이 난다. 지나가는 사람들은 그런 나를 보며 웃었다. 그 시절 돈이 없어서 빵을 사 먹기도 부담스러웠고, 고시원에서 주는 라면으로 삼시 세끼를 연명했던 시절이었기 때문이다. 고시원에서 라면을 준다는 것 자체도 그때는 너무 감사했다. 아무튼 나는 이렇게 사기를 당하면서 사기당하지 않는 방법을 알게 되었다. 하지만 이런 나도 사기를 당할 때가 있다. 그것을 소개하겠다.

많은 거래를 하면서 나는 두 부류의 사기꾼이 있다는 것을 알게 되었다. '신분을 밝히지 않는 사기꾼'과 ' 신분을 밝히는 사기꾼'이다. 신분을 밝히지 않는 사기꾼은 앞서 설명한 방법으로도 충분히 많은 사기를 예방할 수가 있다. 하지만 신분을 밝히는 사기꾼들은 예방할 수가 없다. 먼저 이들이 사기를 치면서도 왜 신분을 밝히는가가 중요하다.

여기서도 두 종류로 나뉘는데, 그야말로 완전 '인생 막장' 초짜 사기꾼이거나 크게 사기를 치려는 사기꾼으로 나눌 수 있다. 크게 사기를 치려는 사기꾼들은 지능이 높은 사람이 많아서 이런 사기꾼들은 사실 사기를 치지 않더라도 돈을 많이 벌 수 있으므로 매우 소수이다. 그리고 이런 사기꾼들에게는 우리가 큰 욕심을 부리지 않는 이상 사기당할 일이 없으니 제외하자.

그럼 나머지 완전 초짜 사기꾼, 즉 이미 전과도 있고 인생 막장으로 사기를 치는 사람들이 남았는데, 사실 이 사기꾼들은 조무래기라서 크게 걱정할 필요가 없다. 물론 나도 가끔 이렇게 막장으로 나오는 사기꾼들에게 잠깐 사기를 당하기도 하지만, 이렇게 신분을 내놓고 막장으로 사기를 치는 사기꾼들에게는 우리가 충분히 법적으로 보호를 받을 수 있는 장치를 마련할 수 있으므로 이것도 경험이 있다면 금전적인 피해를 보진 않는다. 다만 시간적인 낭비를 할 뿐이다. 이것 또한 얼마나 많은 지식과 경험이 있느냐에 따라 사기를 당하더라도 나처럼 금전적인 피해를 피할 수 있다.

앞서 설명한 사례로 이 장 대부분의 질문에 답이 되었을 것이라고 본다. 악덕 부동산업자가 진짜 신분증을 우리에게 보여주지 못한다면 일단 첫 번째로 걸러야 한다. 진짜 신분증을 보여주는 악덕 부동산업자들은 우리가 토지 투자에 대해 많이 알고 있거나 확실한 기준을 갖고 있으면 큰 사기는 당하지 않고 사기를 당하더라도 금전적 피해를 입지 않을 수가 있다. 만약 부동산 사기 때문에 불안하다면 거래 전에 내게 연락하면 도움을 줄 수가 있다. 그러니 불안하다면 꼭 거래 전에 연락하기 바란다.

구체적인 사기 방법에 대해서 일일이 제시할 수가 있지만, 사실 지면에서 그런 방법을 모두 공개하면 악용하는 사람들이 분명히 생기기 때문에 비공개에 부치려 한다. 그래서 가장 간단한 두 가지의 예방법을 말한 것이다. 이 두 가지 예방법만 잘 지키더라도 크게 손해 보는 일은 없다. 물론 시간은 들여야 하겠지만 그 시간은 더 안전한 투자를 하기 위한 학습의 기회로 삼으면 된다. 그리고 사기꾼들을 적발하면 절대 선처하지 말기 바란다. 나쁜 자들에게 자비란 없어야 한다. 혹자는 말한다. '잘 봐라, 대한민국 법이 불쌍한 사람들 구해주더냐. 잘 봐라, 대한민국 법이 지금 현재 범죄자들에게 형량 얼마나 때리는지. 대한민국 법이 불쌍한 사람들 지켜주지 않기 때문에 우리가 사기꾼들, 범죄자들 목숨 줄 쥐고 있을 때 솜방망이 나라 법 대신 우리가 정의를 지켜주어야 한다.'

훌륭한 리더들이 많이 나와서 우리나라 법을 강화해 주기를 나 또한 절실히 바라고 있다. 다른 건 몰라도 좋은 사람들이 피해를 입지 않으려면 죄에 대한 처벌을 강화할 필요가 있다고 나도 생각한다.

토지 투자 초보자들이 가지는 공통적인 질문이기도 한데, 내가 딱 한 마디 질문으로 정리를 해보겠다.

"아니 그렇게 돈이 되는 정보면 너 혼자 하지, 왜 남에게 알려 줘?"

더 자세히 표현해 볼까?

"아니 돈이 되면 네가 사지, 왜 팔아?"

여러분들의 불안한 마음에 지금 나의 질문이 정곡을 찔렀을 것이다. 나도 그런 의문을 가지고 있었기 때문이다. '아니 그렇게 좋은 땅이면 혼자서, 빚을 내서라도 그걸 다 사면 되지 왜 팔아?', '부동산회사를 통해서 투자하면 마진이 붙을 텐데, 부동산회사에서 정보만 듣고, 법원 경매로 그냥 혼자 투자하면 안 되나? 그게 훨씬 저렴하지 않을까?' 나 역시도 초보 토지 투자 시절에 이런 의문을 가지고 있었다. 그런데 아무도 나에게 믿을 만한 답을 해주지 않았다. 첫 번째로는 믿을 만한 사람이 없었고, 두 번째로는 제대로 된 설명을 해주는 사람이 없었기 때문이다. 하지만 나는 이 질문들에 대한 답을 알고 있다.

하나씩 정리해보자.

먼저 특정 부동산 업체가 정직한 업체라면 돈이 되는 부동산 투자처임에도 불구하고 이런 정보를 나누는 이유는 모두가 알다시피 부동산 투자는 종잣돈 한두 푼 가지고 투자할 수 있는 게 아니기 때문이다. 그것이 유망한 투자처라면 더더욱 그렇다. 굳이 설명을 하자면 돈이 되는 투자처는 누구나가 찾고 있으므로 수요가 많으니 그 부동산 투자처의 값은 개발 전이라고 하더라도 상대적으로 고가일 수밖에 없다. 그런데 이런 부동산 토지 물건을 단 필지 통으로 사려고 하니 회사 자체에서 또 부담이 된다.(회사 운영에서 자금순환은 생명줄과도 같으므로) 즉 목돈을 묶어둘 수가 없으므로 회사 자체도 투자자로서 다른 투자자들을 모아 함께 지분 투자를 하는 것이다. 이것은 증권시장의 주식과도 같은 이야기다. 하나의 잘 만들어진 기업체는 개인뿐만 아니라, 일반 업체가 해당 기업을 매수하기가 매우 부담스럽기 때문에 주식 지분으로써 투자하는 것이다. 여기까지 집중해서 잘 읽었다면 왜 돈이 되는 부동산 물건지를 공개 및 공유하는 사람들이 있는지 충분한 답이 될 것이다.

덧붙여 부동산 투자를 정직하게 전문적으로 하는 이런 업체는 오랜 시간의 노하우로 일반인들이 알지 못하는 정확한 자료를 가지고 빠르게 준비하기 때문에 보다 저렴하게 가치 있는 부동산 물건을 가져와서 일반 투자자와 기회를 나누는 것이다. 모두가 알다시피 개발 호재가 분명한 부동산 물건의 경우에는 그 가격이 날이 갈수록 오르기 때문에 개발 호재 정보가 있기 이전에 그 땅을 미리 작업하고 있어야 한다. 그런데 이런 정보는 진짜 토지 전문가들이 할 수 있는 영역이기 때문에 노련한 토지 투자자들은 일반 법원 경매가 아닌 이런 확실한 부동산 투자회사를 통해 투자하기를 더 선호한다. 그리고 무엇보다 법원 경매는 초보 투자자가 혼자서 투자를 하면 오히려 시세보다 더 비싸게 낙찰받는 경우도 있다. 가장 중요한 것은 내가 투자한 가격보다 더 많은 수익을 회수할 수 있는 게 아닌데, 그런 토지를 볼 수 있는 안목이 초보 투자자들에게 없으므로 법원 경매가 무조건 답은 아니라는 것이다.

이 장에서는 사기를 다루었다. 나도 당한 것이 많고, 안타까운 부분이 많아도 글로 설명하기에는 역부족이다. 그러니 부동산이든 무엇이든 투자 전에 불안하다면 차라리 나에게 문의하기 바란다. 그러면 내 경험에 의한 조언을 성실히 답해 줄 것을 약속한다.

## 1) 악덕 부동산업자들, 그 뒷이야기

매스컴에서 보도되는 악덕 부동산업자들은 여전히 영업 중이다. 인터넷 검색만 하더라도 수많은 광고 글들이 있고, 초보 토지 투자자의 입장에서는 구분이 힘들 정도이다. 가장 중요한 것은 본인들도 속고 있다는 것을 모르는 업자들도 많고, 잘못된 것인 줄 알면서도 영업하는 사람들이 많다는 것이다. 특히 이들에게 '기획부동산 아니냐?'라고 물어보더라도 구분이 힘들 것이다. '도둑놈에게 도둑놈 아니냐?'라고 물어본다면, 그가 도둑놈이라고 밝힐까? 그리고 부동산업자들은 보통 개발 호재를 먹잇감으로 이용한다. 전혀 상관도 없는 지역의 개발 호재를 들먹이는가 하면, 없는 사실까지 지어낸다.

이런 기획부동산에 대처하는 방법은 많이 공부하고, 많이 확인하는 수밖에 없다.

### (1) 소유권을 보아야 한다

예전에는 기획부동산을 통해서 계약금 및 중도금, 잔금을 치렀다면 소유권 이전이 되지 않아서 피해를 본 사례가 많았다. 잔금을 납부하면 소유권은 1~2주 내로 나오는 것이 정상이기 때문에 등기 이전이 늦어질 수 있다는 말을 하면 그 부동산업자를 다시 한번 확인해볼 필요가 있다.

### (2) 정말 개발이 되는 입지인가를 확인한다

토지는 기본적으로 주변에서 개발 호재가 적용되어야 땅값이 오른다. 개발 호재가 많은 지역이라고 해서 그 근처 모든 땅의 가격이 오르는 것은 아니다. 기획부동산의 특징은 미래가치가 없는 땅임에도 가치 있는 땅인 것처럼 허위자료를 꾸며내거나 과장 광고를 한다는 데에 있다. 부동산 입지에 관해 공부하길 원한다면 오랜 시간 노력해야 한다. 특히 자료와 서류를 확인하는 노련함과 지식이 필요한데, 이것은 실제 작은 토지 투자라도 해보거나 많은 임장 활동, 전문가의 설명을 들으면서 충분히 습득할 수 있다.

### (3) 시세에 비해 너무 비싼 땅이 아닌지 확인한다

미래에 개발이 되거나 찾는 사람이 많을 땅이라고 하더라도 구입할 때 너무 비싸게 주고 사버린다면 투자 수익을 떠나 원금 보전을 할 수 있는 땅인지 투자해놓고 불안할 수 있다. 그러므로 적정한 가격인지 따져 보도록 하자.

# IV

# 초보도 돈 버는
# 땅 투자 노하우 II

# 01

## 투자할 땅 고르는 방법

　부동산 투자가 답인 것을 안다. 토지 투자가 좋은 것도 알고 있다. 그렇다면 토지 투자는 어떤 지역이든 어떤 위치의 땅이든 투자하면 상관없는 것일까? 당연히 아니다. 물론 지난 50년간 전국의 땅값은 평균 3,000배 정도 오른 것은 사실이다. 이 수치는 기름값 70~80배에 비할 수 없이 높은 수치다. 기름값도 적게 오른 것이 아닌데 땅값은 기하급수적으로 올랐다고 볼 수 있다. 게다가 이 수치는 평균값이고, 수십만 배 이상 가격이 뛴 토지도 있다는 말이 된다. 이렇게 돈이 되는 토지 투자이지만 우리는 아무 땅이나 투자해서는 안 되고, 가격은 당연히 오르되, 팔 수 있는 땅을 사야 한다. 팔리는 땅에 투자해야 내가 나중에 실제 수익을 올릴 수가 있다. 가격이 아무리 많이 올라도 팔 수 있는 땅이 아니면 아무 소용이 없다.

이번 장에서는 투자할 땅을 고르는 방법에 대해서 알아볼 텐데, 이제부터 다룰 내용 이외에도 수많은 방법이 존재한다. 다만 투자자마다 상황이 다르므로 가장 기본적인 부분에 대해서 다루려 한다. 추가적으로 더 궁금하신 분들은 문의하면 맞춤 컨설팅을 해줄 수 있다. 자, 그러면 투자할 땅을 고르는 방법에 대해서 알아보자.

〈성남~여주 부발역-11배 상승〉

| 개발전 (2003년) | 11배 상승 | 최근 (2016년) |
|---|---|---|
| 120,000원 | 공시지가변동현황 | 1,313,000원 |

〈2008년 부발읍 아미리 587-2〉　　　〈2020년 부발읍 아미리 587-2〉

## 1) 개발예정지역, 도로, 철도가 생길 지역에 투자한다

도시계획, 택지개발, 전철 노선 등 중장기에 걸친 계획은 미리 입안되어 개발된다. 보통 일반적인 사람들은 건설 공사가 시작하는 것이 보이거나 공사가 완료된 후부터 출발하기 시작한다. 하지만 이러한 투자는 되도록 초기에 할수록 더욱 많은 수익을 올릴 수가 있다.

## 2) 때로는 임업인이나 농업인이 될 필요가 있다

일반적으로 절대농지라던가, 보전임지라고 하면 투자를 꺼리게 된다. 하지만 농업인이 되면 농지의 농업인 주택이나, 창고 시설을 짓는 것이 가능하다. 그리고 임업인은 임야를 관광농원으로 만들 수가 있다. 이러한 관광농원은 주택, 펜션, 휴양시설 등의 사업을 할 수가 있어서 수익을 극대화 할 수도 있다.

## 3) 공장을 세워서 토지 가치를 올릴 수가 있다

보전임지나 농지라고 해도 공장을 세우면 개발 행위가 가능해진다. 그리고 이를 토대로 공장을 세우면 등록세나 취득세, 개발부담금을 면제받는 등의 혜택도 있다. 물론 땅이 가치가 훨씬 높아지는 것은 덤이다.

### 4) 맹지도 때때로 좋은 투자처가 될 수 있다

도로에 붙어있지 않은 땅을 맹지라고 하는데, 이런 맹지는 가격이 저렴하다. 맹지 자체는 건축 행위가 불가능하기 때문이다. 하지만 이런 맹지도 개발을 통해 건축할 수 있는 땅으로 바꿀 수가 있다. 이 맹지 주위에 구거가 있다면 도로를 개설해서 맹지를 탈출하는 것도 방법이다. 여기서 구거란 앞에서 설명한 바 있지만 용수, 배수를 위해 일정한 형태를 갖춘 인공수로와 둑 등 부지와 자연의 유수가 있을 것으로 예상이 되는 소규모 수로 부지를 뜻한다. 그리고 토지의 면적이 너무 크다면 적절하게 분필을 해서 가치를 올릴 수도 있다.

### 5) 땅도 리모델링이 가능하다

땅의 모양이 좋지 않으면 주변의 땅과 합치거나 교환을 하거나 구입을 해서 모양을 바꾸는 것도 좋은 방법이다. 하지만 이런 땅의 모양보다도 가장 중요한 것은 해당 땅이 어디에 있는 땅인가가 가장 중요하다.

여기까지 겨우 다섯 가지를 알아보았으나, 이외에도 좋은 땅을 고르는 수많은 방법이 있다. 결국 그 방법의 가장 중요한 핵심은 사람이 몰릴 만한 지역의 좋은 위치에 있는 땅이다. 사실 이것만 알면 토지 투자의 핵심을 거의 이해했다고 할 수 있다. 결국 나머지는 이 핵심에 살을 덧붙이는 역할을 하는 것이라 보면 된다. 다음으로 토지 투자에 일가견이 있는 사람들이 공통적으로 말하는 토지 투자 노하우를 정리해 보자.

### (1) 지자체의 부실 지역 땅엔 투자하지 마라

생각보다 많은 지자체가 자금난에 시달리고 있다. 이 경우에는 지방도로를 포함해서 기타 공용 재산이 부실하게 관리될 확률이 높아 개발계획이 취소될 수 있다. 그러므로 부실 지역의 토지는 투자하지 않는 것이 좋다.

### (2) 땅을 살 땐 실제 현장과 지적도의 차이를 확인하라

사기를 예방한다는 의미도 있지만, 대박의 기회도 있기 때문이다. 땅을 살 때는 반드시 현장을 확인하고 지적도와 다른 것이 없는지 비교해 보아야 한다. 현장에는 도로가 있는데, 지적도상에는 없고, 현장에는 도로가 없는데 지적도상에는 도로가 있는 경우가 있다. 지적도와 현장의 차이를 비교해 보고, 차이가 있다면 어떤 결과이든지 간에 무조건 이득이다.

### (3) 도로에서 떨어진 땅이 무조건 나쁜 땅은 아니다

도로에서 떨어져 있어도 도로 확장 계획이 있다거나 지방자치단체의 개발계획에 의해서 점차 개발할 가능성이 높은 땅은 자금 회전이 빠르고, 땅값 상승 속도가 생각보다 빠른 편이다.

### (4) 남과 땅을 바꾸지 마라

자신이 가지고 땅이 만약에 가치가 있는 땅이라면 굳이 바꾸려고 할까? 사용할 목적이라면 모르겠는데 투자 목적이라면 굳이 바꿀 필요가 없다. 바꿀 필요가 없는데, 굳이 바꾸자고 제안을 하는 사람이라면 사기꾼일 확률이 높다.

### (5) 금을 사고도, 은값에 팔아버리면 아무 소용이 없다

무엇이든지 시세를 확인할 필요가 있다.

### (6) 돈이 된다는 뉴스가 터지고 나면 투자하지 마라

정보가 이미 공개되었을 때는 벌써 한발 늦은 때다. 휩쓸려 다니는 투자는 돈을 벌지 못한다. 투자 고수들의 먹잇감이 될 뿐이다.

### (7) 원형지 그대로 사라

초보 토지 투자자들은 그린벨트 임야이기 때문에 땅은 안 사지만, 토지 투자 고수들은 그린벨트 임야이기 때문에 사고, 맹지이기 때문에 산다. 좋은 위치의 땅을 저렴하게 사야 한다.

### (8) 무릎 가격에 사서 어깨 가격에 팔아라

여기서 의문이 들 것이다. '무릎 가격이 아니라 발바닥 가격이면 안 되나?' 물론 발바닥 가격이면 매우 좋겠지만 그만큼 개발이 되기 이전에 사야 하므로 개발이 되기까지 기다려 실제 수익을 보기까지 너무 긴 시간이 걸린다. 더 효율적인 투자를 위해서는 무릎 가격에 사서 어깨 가격에 파는 것이 현명하다.

### (9) 적당한 하자가 있는 땅은 오히려 더 좋다

적당한 하자가 있을수록 오히려 더 저렴하게 살 수 있으므로 더 좋은 투자의 기회가 된다. 적당한 하자가 있으므로 하자가 없는 땅보다 더 저렴하게 살 수 있다. 좋은 위치에 땅이라면 저렴하게 사서 비싸게 팔 수가 있다.

# 서류만으로 땅을 본다고?

　단지 서류만으로 땅을 판단하는 사람들이 있다. 이들 대부분은 토지 투자 초보자들이다. 이런 유형의 투자자들은 지인을 비롯한 남들이 좋다고 하니까 무작정 투자를 하거나, 짧은 기간 인터넷 검색만을 통해 얻은 정보를 가지고 투자를 하는 초보자들이다. 토지 투자가 위험하다거나 사기당한 사람들이 많다는 것을 보면 대부분 이렇게 투자를 한 사람들이다.

　여러분이 이 글을 읽고 있는 지금도 인터넷에는 거짓 정보들이 넘쳐나고 있다. 그뿐인가. 하루가 멀다고 오는 스팸 전화에 악덕 부동산 업체 영업사원들은 자신들이 소개하는 땅이 가치가 없다는 것도 모른 채 과장 광고를 한다. 전문성을 떠나서 우리가 무언가를 팔 땐 내가 파는 상품이 잘못된 것은 아닌지 확인해야 하는 것이 인지상정이다. 그런데 확인조차 해보지 않고 무언가를 파는 것은 욕을 먹어 마땅하다. 현재 부동산도 예외는 아닌 것 같다. 등기조차 제대로 되지 않은 회사의 땅을 듣는 이의 귀가 아플 정도로 좋다고만 해대니 믿을 수가 없다. 신뢰감이라고는 전혀 들지 않는 사람들이다. 무엇보다 말할 틈도 주지 않으니 내가 만약에 해당 물건지에 관심이 있더라도 이야기하기 싫어진다. 아무튼 잡상인 같다.

영업사원들에게 속아서 가치 없는 땅을 비싸게 주고 산다거나 분명 계약을 하고 잔금까지 치렀음에도 불구하고 약속한 날짜에 등기가 나오지 않는 등의 사기를 당하는 사람들이 있다. 그들은 보통 그 사람만 믿고 그리고 그 사람이 보여주는 서류만 믿고 투자를 한 사람들이다. 설령 그 서류가 영업사원이 준 서류가 아닌, 관공서에서 직접 받은 서류라 하더라도 해당 서류만 보고 투자를 하는 사람들은 분명 토지 투자에 있어서 초짜이다. 부동산은 서류를 보는 것도 중요하지만 더욱 중요한 것이 임장, 쉬운 말로는 현장 방문이다. 현장답사 중요성은 현장의 느낌을 파악하기 위함이라기보다는 해당 부동산의 서류와 현장의 상태가 일치하는지와 같은, 투자에 있어서 꼭 필요한 정보를 얻기 위함이다. 백문이 불여일견이라지 않던가? 부동산 투자에서도 통용되는 말이다. 듣기만 하는 것보다는 직접 보고 경험한 것이 훨씬 투자에 이익을 가져다준다. 정말 현장답사만 잘해도 100만 원 벌 것을 200만 원, 300만 원은 족히 더 벌 수 있다.

그리고 부동산 투자를 할 땐 업체나 영업사원이 내미는 서류만 믿지 말고, 직접 관공서에 가서 서류를 떼서 확인하는 것이 좋다.

첫 번째로 뗄 서류는 토지대장이다. 토지대장에는 토지에 대한 모든 정보가 나와 있는 서류인데, 토지 면적부터 지목, 소재, 지번, 해당 소유자의 정보 그리고 명칭 등이 기록되어 있다. 무엇보다 해당 토지의 소유권 변동 내용도 확인할 수 있으니 투자의 안정성을 더해 준다. 토지대장은 각 구청이나 군청 및 정부24 홈페이지에서 열람 및 발급이 가능하다.

그리고 두 번째로 지적도를 확인해야 한다. 지적도에는 해당 토지의 모양이라던지 경계가 나와 있다. 해당 토지의 면적이 어떠한지, 지목은 어떤지, 어떤 지역 지구인지, 개별공시지가는 어떤지 등이 나와 있다. 그리고 확인 도면을 또 확인할 수가 있는데 이 또한 구청이나 군청 그리고 민원포털 민원24 홈페이지에서 확인할 수가 있다.

세 번째 확인해야 할 서류로는 토지이용계획서가 있는데, 토지를 매수, 즉 사는 사람이 해당 토지를 매수하는 것에 대한 이용 계획을 구체적으로 작성한 문서이다. 여기에는 토지용도 지역이나 면적, 소재지, 공작물 현황 등을 기록해야 한다. 그리고 토지이용계획서와 연결된 토지이용계획확인서라는 것이 있는데, 이것은 해당 토지의 규제가 있는지 등을 확인할 수가 있다. 이 서류는 각 구청이나 군청 또는 토지이용규제 정보서비스를 통해 확인할 수가 있다. 그리고 가장 기본적으로 등기사항전부증명서가 있고, 만약에 해당 토지의 건축물이 세워져 있다면 건축물대장까지 확인할 필요가 있다. 이렇게 부동산 거래를 할 때는 필요 서류를 반드시 확인하고 준비해야 한다. 이것이 기본이며, 가장 중요한 것은 앞서 말한 것과 같이 현장 방문이다.

현장 방문을 할 때는 서로 상태가 다른 점은 없는지 그리고 현재 개발 진행 상황이 어떤지 전체적으로 주변을 보면서 그려볼 수 있어야 한다. 다만 초보자의 경우에는 워낙 정보가 한정되어 있고 경험과 지식 또한 부족하므로 전문가의 도움을 받아 토지 투자를 하는 것도 현명하다.

다른 건 몰라도 투자는 내가 공부를 해서 확실할 때 투자를 해야 한다. 확실하지 않은데 확률 싸움을 하여 돈을 잃었다는 사람들이 많은 것이다.

# 전문 땅꾼들의 현장답사 비법

　현장답사는 토지 투자 있어서 필수적인 작업이라 할 수 있다. 현장답사를 다른 말로는 임장, 현장 방문이라는 말을 가지고 있는데, 그냥 쉬운 말로는 투자할 토지를 보러 가는 것을 말한다. 앞서 설명한 것과 같이 현장답사 없이 서류만으로 토지 투자를 한다면 실패하기 딱 좋은 사례가 될 것이다. 그만큼 현장답사는 토지 투자에 있어서 필수적인 요소이고, 이것만으로도 토지 투자의 성패가 갈릴 수 있을 정도로 투자의 중요한 역할을 한다.

　현장답사를 할 땐 토지에 대해서 잘 아는 전문가와 함께 하는 것이 좋다. 그저 현지에 있는 부동산업자들 말만 믿고 투자를 했다가는 낭패를 보는 경우가 있기 때문이다. 주위에 믿을 만한 토지 투자 전문가가 있다면 꼭 동행 답사를 하기 바란다. 믿을 만한 전문가와 함께 토지를 본다면 잘못된 정보를 가려내는 데 큰 역할을 할 것이며, 마치 과외를 받는 듯 교육 효과도 노려볼 수 있다. 만약에 주위에 이런 믿을 만한 토지 전문가가 없다면, '토지 명장'에서 제공하는 동행 서비스를 이용해보는 것도 한 가지 방법이다.

그리고 현장답사를 할 땐 등산화에 편안한 차림으로 가는 것이 좋다. 소위 말해 '있어 보여야 한다.'고 정장 차림으로 갔다가 답사 시 옷이 더럽혀질까 봐 조심하느라 집중이 안 될 수도 있다. 이 때문에 수천, 수억 원이 오가는 거래에서 불리한 요소를 잡아내지 못할 수가 있다. 눈 뜨고도 코 베이는 세상인데 철저한 준비를 하고 현장답사에 임해야 한다. 기본적으로 현장답사는 편한 옷차림으로 가야 편하게 확인할 수가 있다.

만약에 여러분이 토지를 사려고 한다면 눈이 내리지 않은 겨울에 현장답사를 하는 것이 좋다. 겨울이나 초봄에는 나무나 풀이 무성하지 않기 때문에 현장의 상태를 더욱 잘 파악할 수가 있다. 덧붙여 토지를 볼 땐 토질도 보아야 한다. 비 오는 날에 현장답사를 하는 경우도 있는데, 이것이 오히려 장점이 될 수가 있다. 비가 많이 내리는데도 물이 잘 빠지면 모래가 많은 토지이고, 비가 조금 내렸는데도 불구하고 물이 잘 빠지지 않으면서 토지가 질퍽거린다면 진흙이 많은 땅이라고 볼 수가 있다.

반면에 토지를 팔고 싶을 때는 가을이나 여름이 좋다. 그리고 여름보다는 가을이 더 좋다. 보기에 더 아름답기 때문이다. 가을에는 단풍이 풍성하고 아름답다. 물론 투자용 토지를 이렇게 미관상으로만 보고 투자를 하는 투자자들은 투자 고수라고 볼 수가 없다. 적어도 토지 투자는 보기 좋은 땅보다는 투자 수익을 올릴 수 있는 땅을 찾아야 하는데 사실 이렇게 보기에 아름답다고 해서 투자 수익을 보장해주지는 않기 때문이다.

보고자 하는 토지의 위치를 잘 찾지 못하겠다면 현지에 있는 주민들이나 동네 이장님에게 물어보면 된다. 토지 투자 초보자들은 지번을 알고 있으면서도 해당 토지를 찾지 못하고 헤매는 경우가 많다. 특히 오랜 기간 관리가 되지 않은 토지는 장마나 기타 사유로 인해 토지 일부가 깎여 나가거나 토지 중간에 물길이 생기거나 해서 원래 형태와는 변한 경우가 있기 때문이다. 이때는 힘들여 굳이 토지를 찾으려고 하지 말고 현지 주민이나 동네 이장님에게 물어보면 생각보다 쉽게 찾을 수가 있다.

건물이나 묘지가 들어서 있는 토지는 다시 한번 더 생각을 해보자. 이전에 설명했던 것과 같이 묘지는 토지 소유자마저도 자유롭게 처분하지 못하는 경우가 있다. 건물 또한 그렇다. 이러한 변수가 있을 경우엔 투자 대상에서 감점 요소가 되는 것은 분명하다. 다만 이마저도 개발 호재가 풍부하고 위치가 좋아서 충분히 투자 수익이 될 만하고, 충분히 팔 수 있는 땅이라면 묘지나 건물이 들어서 있는 땅도 해당 문제만 해결할 수 있으면 만족스러운 투자 수익을 올릴 수 있다.

해당 토지에 묘지나 건물이 들어서 있다면 토지를 판매하는 사람에게 계약 시 건물이나 묘지에 대한 문제가 발생하지 않도록 해결할 것을 요구하고, 이 내용을 반드시 계약서 등에 남겨야 한다. 뿐만 아니라 해당 토지를 판매하는 사람이 토지에 들어선 묘지나 건물의 소유자와 이야기가 되었는지, 혹은 방안이 있는지 등을 미리 따져 보아야 한다. 직접 묘지나 건물의 소유자에게 해당 묘지나 건물을 옮기거나 철거해 달라고 요청을 하고, 만약 그 소유자가 요구하는 바가 있다면 그 모든 조건까지 고려해서 거래 진행을 해야 한다. 이 작업은 반드시 잔금을 치르기 전에 해야 한다. 잔금을 치른 후에 하면 낭패를 보는 수가 있으니 반드시 잔금을 치르기 전에 문제를 해결하기 바란다.

다시 한번 정리하자면 내가 투자하고자 하는 토지에 묘지나 건물이 들어있다면 거래 전에 반드시 묘지나 건물을 철거해줄 것을 소유자에게 약속받고 거래를 진행해야 한다. 그리고 무엇보다 구두, 즉 말로만 약속을 받지 말고 계약서 작성 시에 반드시 특약사항으로 적어 두어야 한다.

# 토지 투자 어떻게 하면 되나요?

요즘 들어 토지 투자를 하려고 하는 사람들이 늘고 있다. 무엇보다 부동산 투자가 가지는 안정성과 높은 수익성이 한몫 단단히 할 것이며, 최근 들어 건물 투자를 제재하려는 정부의 움직임에 따라 토지 투자는 더욱 빛이 나고 있다. 부동산 투자를 맛보지 않은 사람들은 월세 받는 건물주의 고충을 모른다. 진상 임차인, 마음대로 올리지 못하는 월세, 부동산 거품 가격에 대한 불안함이나 고민이 없는 건물주는 좋은 위치의 건물주일 것이다. 좋은 위치의 땅에 들어서 있는 건물은 안전하다. 하지만 이런 건물을 사기 위해서는 많은 돈이 필요하다. 이미 개발이 다 되어있는 부동산이기 때문에 그 가치를 유지할 뿐, 높은 투자 수익을 바라기는 힘들다는 것이다. 그러므로 많은 사람이 토지 투자를 하려고 한다. 아직 개발되지 않은 원형지를 사는 이유이기도 하다. '건물을 바로 지을 수 있는 대지와 논밭을 놔두고 왜 굳이 원형지 임야를 하는 것일까?'에 대한 질문은 이러한 현상으로 답이 될 것이다.

그렇다. 토지는 현재 이용 가치가 아니라 미래의 가치를 보아야 하는 투자처이다. 지금 현재는 논밭, 임야이지만 미래에는 건물이 들어설 땅, 찾는 사람이 많은 그런 땅을 찾아서 투자하는 것이 이 토지 투자의 궁극적인 목표이다. 그래서 앞에서 말한 것처럼 토지 투자는 정보가 가장 중요하다. 어떤 지역이 어떻게 개발될 것인지, 어떤 위치의 땅이 어떻게 쓰일 것인지를 미리 알 수만 있다면 토지 투자로 큰돈을 벌 수가 있다. 그것도 안정적으로 많이. 토지 투자 또한 건물 투자처럼 많은 돈이 필요하므로 확실한 땅을 사야지, 잘못된 정보를 가지고 투자를 한다면 돌이킬 수 없는 재정적 손실을 겪을 수가 있다. 지금부터 올바른 토지 투자 방법에 대해 알아보도록 하겠다.

## 1) 공부서류를 검토해야 한다

땅을 보려고 현장답사를 하기 위해서는 보통 하루에서 이틀 정도 걸리기도 하는데, 이렇게 기다려서 막상 현장을 방문해 보면 땅이 마음에 들지 않을 경우 시간과 금전적으로 손해를 볼 수밖에 없다. 그러니 미리 해당 토지의 공부서류를 확인해 보고 현장답사를 하는 것이 현명하다.

### (1) 토지이용계획확인서를 보자

매입하고자 하는 토지를 현재 내가 원하는 목적대로 이용이 가능한지 대략 살펴볼 수 있는 공부서류이다. 토지이용 규제정보서비스 홈페이지에 방문해서 해당 토지의 지번을 입력하고 해당 토지의 지목, 지역, 구역, 건축을 할 수 있는 건축물의 종류 등을 확인할 수가 있다. 다만 토지이용계획확인서에서 확인할 수 있는 내용은 대략적인 내용이고, 해당 토지이용에 관한 자세한 상황을 알기 위해서는 도시계획 조례 또는 군계획 조례 내용을 확인해 봐야 한다.

### (2) 등기사항전부증명서

해당 토지를 이미 매입했다고 하더라도 타인에게 빼앗길 수 있는 압류가 있는지, 경매 기입등기, 소유권이전청구권, 가등기, 환매등기 등의 권리가 있는지 그리고 해당 토지의 소유자가 누구인지, 근저당은 얼마나 있는지 등을 확인할 수가 있다.

### (3) 토지대장

해당 토지의 지목이나 지번, 면적 등을 확인할 수가 있다.

### (4) 건축물대장

매입하고자 하는 토지에 건축물이 있는 경우에는 해당 건축물의 사용 용도가 어떤지, 연면적, 층수 그리고 각 층의 바닥 면적이나 위법 건축물 여부를 확인할 수가 있다.

### (5) 지적도

해당 토지의 모양, 경계, 도로와 붙어있는지 등의 상황을 확인할 수가 있다. 그리고 각 시·군마다 다소 차이가 있지만 일반적으로 지적도상의 도로와 붙어있지 않은 땅은 건축허가가 나지 않는 경우가 있다.

## 2) 주변을 검색하는 단계

지도를 확인해서 해당 토지가 어디에 있는지, 주변에 혐오시설 같은 것은 없는지, 도로나 IC와의 거리는 얼마나 되는지, 해당 지역에 개발 호재는 어떤지 등을 미리 확인해야 한다.

## 3) 시세를 알아보는 단계

부동산 중개 사이트 3~4곳을 이용하거나 해당 토지 및 해당 토지 주변의 토지 시세를 확인해야 한다.

### 4) 가장 중요한 현장답사

현장답사는 누가 대신해 줄 수 있는 것이 아니다. 내가 직접 해야 하며, 현장답사는 혼자 하는 것보다는 전문가의 도움을 받아서 진행하는 것이 좋다. 토지 모양은 경작 행위나 자연의 영향으로 경계가 불분명하거나 위치를 찾기 어려운 경우가 많다.

### 5) 계약서를 작성하는 단계

ARS 1382, 민원24 등의 서비스를 이용해서 판매자, 즉 해당 토지의 소유자라고 하는 사람이 실제 소유자가 맞는지 확인해야 한다. 그리고 분묘 표시가 있을 경우 이장해 줄 것에 대한 내용과 낡은 건축물이 세워져 있을 경우 철거해 줄 것에 관한 내용 등을 계약서의 특약사항에 반드시 기재하고 계약해야 한다.

간단하게 다섯 가지를 알아보았다. 하지만 모든 투자가 그러하듯 토지 투자에도 변수가 많으므로 초반에는 믿을 수 있는 전문가에게 도움을 받는 것이 좋다. 단순하게 생각하면 이렇게 쉬울 수가 없는 토지 투자이지만, 안전하고 확실한 투자를 하기 위해서는 돌다리도 두드려보고 건너는 지혜가 필요하다.

# 농지로 불로소득 만드는 방법

많은 이들이 토지는 시세 차익만 볼 수 있다고 생각한다. 하지만 토지 또한 정기적인 불로소득을 만드는 것이 가능하다. 물론 가장 큰 소득은 시세 차익이 대부분일 것이다. 하지만 토지 투자를 하고 나서 팔기까지의 그 기간 불로소득을 정기적으로 얻을 수 있다면 얼마나 좋은가? 정기적으로 소득도 챙기면서 추후에 시세 차익을 얻는다면 또 그것만큼 기쁜 일이 없을 것이다. 농지로 소득을 만드는 방법은 다양한 방법이 있다. 가장 쉬운 방법은 한국농어촌공사를 통해 농지를 임대해서 수익을 발생하는 경우이다. 물론 이것만으로 부자가 될 수는 없다. 다만 이렇게 맡겼을 때 세금 감면 등의

혜택이 아주 좋으므로 이 장에서 한번 살펴보도록 하자

농지는 가지고 있는데 직접 경작하기 어려운 사람들에게 한국농어촌공사에서 농지 관리를 대신해 주고 있다. 바로 '8년 이상 맡길 시 양도소득 중과세를 10% 감면'해 주는 농지은행의 농지 임대 수탁사업이다.

### ① 농지은행이란?

영농 규모화, 농지 이용의 효율화 등을 위해 농지를 확보(매입, 임차)하여 농지를 필요로 하는 농업인에게 제공(매도, 임대)하는 농지관리기구이다.

### ② 농지 임대 수탁사업이란?

농지 소유자가 직접 농사를 짓기 어려운 농지를 농지은행이 맡아서 적합한 농업인을 찾아서 임대하고 관리해 주는 사업을 말한다.

### ③ 농지 임대 수탁사업, 누가 이용하면 좋을까?

상속, 증여 등으로 농지를 소유하고 있지만 직접 농사를 짓기 어려운 사람, 농지를 임대하고 싶지만 임차인을 직접 구하기 힘든 사람, 고령, 질병 등으로 영농을 은퇴하고자 하는 사람 등이 이에 속한다.

### ④ 어떤 농지를 맡길 수 있을까?

소규모 농지(1,000제곱미터 이하)도 맡길 수 있다. 다만 주말 체험 목적으로 취득한 농지는 제외된다.

### ⑤ 농지를 맡기면 어떤 것이 좋을까?

안정적인 임대소득, 불로소득이 보장된다. 여기서 임차료는 해당 지역 임차료 수준으로 소유자와 경작자가 협의하여 결정한다. 그리고 농지를 8년 이상 맡기면 양도소득 중과세를 10% 감면받을 수 있다.(일반과세 적용)

### ⑥ 농지를 어떻게 맡길까?

전국 한국농어촌공사 93개 지사에 방문 신청을 하거나, 1577-7770으로 전화 상담하면 된다. 인터넷으로는 농지은행 홈페이지 (www.fbo.or.kr)에서도 신청 가능하다.

### ⑦ 농지를 얼마나 맡길 수 있나?

위탁 기간은 5년 이상이고, 계약 종료 후 재위탁이 가능하다.

앞에서 살펴본 한국농어촌공사의 농지은행 '농지 임대 수탁사업'은 1996년 1월 1일 농지법 시행일 이후에 취득한 농지는 소유권자가 경작하는 것이 원칙이지만, 불가피한 사정으로 이행할 수 없다면 농지은행을 통해 해당 농지를 맡겨서 직접 농사를 지을 수 있는 분들에게 빌려주는 제도라고 할 수 있다.

농지를 취득한 소유권자가 해당 농지에서 농사를 짓지 않고 방치할 시에는 농지 처분 명령과 함께 농사를 짓기 전까지 매년 이행강제금을 납부해야 한다. 하지만 농지은행에 맡기면 법적 납부 의무가 면제된다. 특별히 농지은행에 8년 이상 맡기면 비사업용 토지로서 양도소득세 중과 대상에서 제외되어 보육기관에 따라서 일반과세율(6~42%)이 적용된 양도소득세율이 적용되어 사업용 토지로 인정받을 수가 있다. 장기보유특별공제 혜택도 가능한 합법적인 절세 방법이다.

예전에는 농지 임대 수탁이 가능한 농지 조건이 면적, 지역, 지구 등 여러 제한사항이 있었지만 현재는 완화된 상태이다. 농지 임대 수탁 대상 농지는 앞에서 살펴본 것과 같이 농지법 시행일(1996.1.1) 이후에 취득한 개인 소유 및 농지법시행령 이전에 취득한 개인 또는 법인 등의 소유 농지, 공적 장부상 지목과 관계없이 실제 경작에 이용되고 있는 사실상 농지로 면적 제한이 없다. 즉 지목이 임야라고 하더라도 현황이 밭으로 쓰이고 있다면 맡길 수 있다. 다만 농지 임대 수탁이 불가능한 농지도 있다. 첫 번째로 개발 예정지 혹은 토지거래허가구역 내의 농지로서 2년간의 영농 기간이 경과되지 않은 경우이다. 그리고 두 번째로 공유지분 농지로서 공유지분권자 전원이 농지 임대 수탁에 동의하지 않는 경우이다.

그리고 부동산은 개별성이 크므로 가지고 있는 농지에 대한 법률이나 세무 등에 대한 철저한 검토를 토대로 전문가와 함께 진행하는 것이 좋다.

# 토지 시세 확인하는 방법

토지는 정해진 값이 없는 것이 특징이다. 토지 가격은 현지 상황에 따라 변동이 심해 지역에 따라 차이가 나고, 같은 지역이라도 차이가 있다. 그래서 공인중개사나 부동산을 전문적으로 하는 사람이라도 모든 지역에 대한 정보와 가격을 해박하게 아는 경우는 거의 없다. 아는 척하는 경우는 많았지만 말이다. 이게 현실이다. 그어떤 부동산 전문가라도 자기가 취급하지 않는 지역에 대해서 모든 지식을 갖고 있지 않기 때문이다. 오히려 현지에 있는 부동산업자나 주민이 더 풍부한 정보를 갖고 있기도 하다. 이 말의 가장 중요한 요점은 내가 부동산에 관련한 지식이 많다고 하더라도 관심 있는 지역이 아니라면 그 지역에 대해서 잘 모를 수 있다는 것이다. 그러므로 그 어떤 토지라도 자세하게 알기 위해서는 모든 토지에 적용할 수 있는 무언가 기준이 필요하다. 이번 장에서는 이 기준, 즉 모든 토지의 시세를 알아보는 방법에 대해서 살펴보도록 하자.

토지 시세를 확인하는 방법에는 다양한 방법이 있다. 그중에서 가장 보편적이고 일반인들이 쉽게 알 수 있는 방법 몇 가지를 추려서 설명하도록 하겠다.

① 해당 토지에 대한 토지이용계획확인서를 발급해서 토지 개별공시지가를 확인한다.

② 국토교통부에서 운영하는 '실거래가 공개시스템'을 발급받아 토지의 개별공시지가를 확인하면 된다.

다만 공시지가는 세금을 매기는 기준일뿐이므로 참고만 한다.

③ 경매 사이트를 활용해서 최근에 낙찰이나 유찰된 토지 감정가를 알아본다.

이런 토지 감정가는 전문가들이 이미 감정을 해 놓은 것이므로 참고할 만한 공짜 정보라고 할 수 있다.

④ 앞에서 알아본 시세를 가지고 현지의 주민이나 부동산에 가서 시세 및 정보를 파악하면 된다.

다만 앞에서 설명했던 것과 같이 아무리 부동산 전문가라고 하더라도 해당 지역의 부동산이 아니라면 현지에서 관심을 가지고 부동산을 보는 사람을 당해낼 수 없다. 그러므로 현지에 있는 주민들이나 현지에 있는 부동산업자와 이야기를 해서 정보를 얻어야 한다. 물론 서울에 있는 부동산업자라고 하더라도 특정 시골 땅을 전문적으로 취급하는 업자라면 그 땅에 대해서는 전문가인 경우도 많다. 해당 지역에 관심을 가지고 현장답사를 많이 한 사람이 이 경우이다.

대략 앞의 순서에 따라 토지의 시세를 확인하면 된다. 이렇게 시세를 파악한 후에는 토지를 매매하게 될 텐데 이런 과정을 통해서 토지 가격에 대한 불안함을 해소할 수가 있다.

그러면 앞에서 다룬 토지 시세를 확인하는 방법을 더 자세하게 알아보도록 하자.

### 1) 토지이용계획확인서를 발급해서 개별공시지가를 확인한다

토지이용계획확인서를 보면 해당 토지에 대한 공시지가를 확인할 수가 있다. 토지를 매매할 때 개별공시지가의 2배에서 4배 사이에서 매매하지만 이것은 좀 위험한 방법이다. 왜냐하면 앞에서 설명했던 것과 같이 공시지가란 해당 토지에 대한 세금을 매기기 위한 기준일뿐이기 때문이다. 무엇보다 이런 방법은 해당 지역의 개발 호재 등과 같은 요소를 반영하지 못한다.

## 2) 국토교통부에서 운영하는 '실거래가 공개시스템'을 확인한다

이 사이트를 통해 동, 리에 분기별로 정리된 실제 거래 가격들을 알 수가 있다. 보다 정확한 시세를 알 수 있는 곳이다.

## 3) 경매 사이트를 통해 해당 토지 인근에 나온 경매 부동산 감정 평가 금액을 확인해 본다

가장 중요한 것은 감정평가를 했던 시점을 확인하는 것이고, 최근 감정평가 금액은 보통 시세 수준으로 보아도 크게 다르지 않다. 다만 100%는 아니므로 앞에서 설명한 ① ② ③의 방법을 함께 알아보아야 한다. 예전에는 경매 사이트를 이용하기 위해서 회원가입을 하거나 이용료를 납부했지만 경매 사이트도 이제는 경쟁이라서 회원가입만 하면 기본적인 내용을 확인해 볼 수 있는 사이트가 많다. 수시로 폐업하는 경우도 있으니 책에서는 상세하게 다루지 않고 인터넷 검색을 통해 찾기를 바란다. 혹시나 찾기 어렵다면 개인적인 문의를 하면 알려드리겠다.

## 4) 현지 부동산을 방문한다

현지에 있는 주민들이나 부동산업자들에게 물어보는 것도 방법이다. 다만 부동산업자처럼 이해관계에 있는 사람들이라면 때에 따라 맞지 않는 정보를 줄 수도 있다. 그러니 앞에서 살펴본 세 가지 확실한 조사 자료 및 정보를 가지고 물어보는 것을 추천한다. 답변에 대한 판단도 내가 정확한 기준을 가지고 있어야 확실한 정보를 얻을 수 있다. 이 방법은 가장 효과적이고 포괄적으로 내 토지의 시세 및 개발 현황을 확인할 수 있는 방법이다.

　다른 재화와는 다르게 토지 가격의 경우 많은 변수들이 존재한다. 그러므로 애매하다면 확실한 부동산 전문가와 이런 과정을 함께하는 것이 더욱 효과적인 방법이 되겠다.

# 땅값 올리는 방법

'땅값 올리는 방법' 정말 있을까? 만약 이러한 게 있다고 하면 토지 투자자로서 많은 돈을 벌 수가 있다. 땅을 가지고 있으면 그 땅의 가격을 올릴 수 있기 때문이다. 땅값을 높이는 방법에는 토지마다 그 방법이 다른데, 이번 장에서는 그 방법을 알아보도록 하자.

땅값 올리는 방법은 여러 가지가 있겠지만 가장 쉬운 방법은 지목을 변경하는 것이다. 다만 여기서 주의해야 할 점은 지목을 변경해서 이득이 되는 토지가 있고, 이득이 되지 않는, 오히려 손해가 되는 토지가 있다는 점이다. 지목 변경해서 팔리는 토지라면 그럴 가치가 충분히 있다. 하지만 지목 변경으로 가격은 오르는데 팔리지 않는 토지라면 오히려 높아진 세금을 부담해야 하는 위험을 안게 된다. 그러므로 지목 변경은 땅값을 올리는 쉬운 방법이기는 하지만 또 심사숙고해야 하는 부분이다.

대부분 토지를 살 때는 가격이 비싼 토지보다는 저렴한 토지인 농지나 산지를 사는 경우가 많다. 저렴한 농지나 산지를 구매해서 지목을 대지나 공장용지, 창고용지로 바꾸면 토지 가격이 몇 배 오르기 때문이다. 하지만 자신의 토지라고 하더라도 합법적으로 지목 변경을 할 수는 없으므로 지목 변경이 가능한 토지인지 여부를 확인해야 한다. 관공서를 통해 문의하는 방법도 있지만 이렇게 책임을 져야 할 문의에 대해서는 무조건 안 된다고 하는 경우가 많으므로 믿을 만한 전문가와 함께 보아야 한다.

### 1) 전, 답, 임야의 경우에는 농지(산지)전용허가를 받아서 건물을 지을 수가 있다

농지인 전, 답, 임야로 된 지목을 대지, 또는 공장용지, 창고용지 등으로 변경하기 위해서는 우선 농지(산지)를 다른 용도로 사용하겠다는 산지 전용허가나 농지 전용허가를 받아야만 한다. 그리고 해당 토지에 건축 가능하도록 토지 형질 변경을 하고, 실제 건축을 해서 사용 승인을 받아야 한다. 이런 과정을 통해 전, 답, 임야인 지목을 대지, 공장용지, 창고용지 등으로 변경이 가능한 것이다. 이렇게 지목 변경이 되면 땅값이 올라가게 되고, 해당 토지에 건물이 세워져야 지목 변경이 가능하다.

## 2) 산지(임야)를 농지나 대지로 변경하는 것이 쉽지는 않다

특히 임야의 경우에는 부동산업자들이 투자용으로 제안을 하는 경우가 빈번하다. 그런데 100건 중 90건 이상은 가치가 없는 토지인 줄 알면서 파는 경우가 많다. 물론 정직하게 좋은 토지를 분양하는 경우도 있지만 중요한 것은 초보 투자자 입장에서 그런 좋은 물건을 볼 수 있는 안목이 없다는 것이 문제이다. 토지라는 투자처 특성상 그 가치가 안정적이고 수익성이 높아서 지금 당장은 가치가 없지만 미래에는 가치있는 토지가 될 수 있어 심지어 기획부동산에서 다루는 토지들조차 돈이 되는 경우가 있다. 하지만 안정적인 것을 추구하기보다 정직하게 좋은 토지 물건을 가져오는 회사를 선택하거나 내가 그런 회사들보다 더 좋은 안목을 가져야 성공적인 투자가 가능하다. 임야의 경우에는 지목 변경을 불법적인 방법을 통한 경우도 있지만 악용하는 경우도 있으므로 책에서는 다루지 않겠다.

요즘에는 산지를 관리하는 산지관리법이 강화됨에 따라 일반적으로 관처에 허가를 받아서 쓰지 못하는 나무를 벌채하고, 버섯 등을 재배하는 용도의 목적으로 이용된다. 혹시나 산지를 사서 당장 농지나 대지로 지목 변경을 하기 위한 목적이라면 반드시 해당 관청과 설계사무소 등을 방문해서 지목 변경이 가능한지를 확인하는 작업이 필요하다.

### 3) 산지는 경사도가 너무 가파르지 않은 곳으로 매매하는 것이 좋다

입지가 좋은 곳이라면 모를까. 경사도가 너무 가파른 곳이라면 건축허가를 받기가 쉽지 않기 때문에 이를 피한다. 경사도가 가파르지 않은 곳을 사야 건축허가가 쉽게 나오고 건축 비용이 절약된다. 다만 이 경사도가 가파르다는 기준은 각 지자체마다 조금씩 기준이 다르므로 산지를 구입할 때에는 관할 시·군·구청 건축과나 설계사무소를 통해 정확한 기준을 확인할 필요가 있다.

### 4) 동일한 농지일 경우, 농가주택 건축 기준이 다르다

농지를 사서 농가주택을 지을 목적이라면 농업진흥구역과 농업보호구역에 따라 건축 조건이 다를 수 있다는 것을 알아야 한다. 내가 만약 현지 농민이라면 농사를 짓는데 필요한 농가주택을 짓는 경우 농업 보호구역과 농업진흥구역이든 상관이 없지만, 현재 농민이 아닌 경우에는 농업 보호구역에서만 농가주택을 지을 수 있다. 그리고 농가주택을 짓기 위해서는 농가주택이 들어서는 부지가 도로와 2m 이상 붙어 있어야 된다.

### 5) 상수원 보호구역은 지목 변경이 불가능하다는 것을 알자

상수원 보호구역이란 상수도를 확보하고 상수원의 물이 유해물질로 오염되는 것을 막기 위해서 지정한 법정 지역을 말한다. 상수원 보호구역은 도시환경을 위해 개발이 금지될 만큼 공익성이 강한 용지이다. 상수원 보호구역에서는 원칙적으로 건물을 새로 짓거나 개발, 숲을 마음대로 가꾸는 등의 행위를 할 수가 없다. 주택도 100제곱미터 이하의 사용 주택만 지을 수 있다는 단점이 있다. 상수원 보호구역 내에서 집을 짓기 위해서는 세대원 중 한 명이라도 그 구역에서 6개월 이상 주민등록이 되어 있어야 한다.

# 주말 체험농장을 하는 방법

　효과적으로 땅값을 높이는 방법 중 하나로 주말 체험농장(주말농장)을 하는 것이 있다. 여기서 놀랄만한 사실을 말하자면 주말 체험농장은 농업인이 아니라도 할 수가 있다는 것이다. 하지만 농지취득자격 증명원을 발급받아야 하고, 주말 체험농장을 할 농지의 면적이 1,000제곱미터 미만이어야 된다. 만에 하나 주거지역, 공업지역, 상업지역 등 다른 지역에 농지가 있다고 하면, 면적을 합해서 1,000제곱미터, 즉 303평이 넘지 말아야 한다. 여기서 면적 합산은 1세대가 가지고 있는 모든 면적을 계산하는 세대별 합산으로 이루어진다.

주말 체험농장이란, 말 그대로 일반인들을 대상으로 농사를 체험할 수 있도록 만들어진 농장을 의미한다. 사전적인 의미로는 '주말을 이용하여 가족 단위로 채소 등을 가꾸는 도시 근교의 농업 체험장'을 뜻한다. 주말농장을 하는 방법은 매우 쉬우므로 따로 설명하지는 않고, 기존의 주말농장 조건을 알아보고 그냥 그대로 하면 된다.

일단 주말농장을 하기 위해서는 땅이 필요하다. 만약 300평의 땅이 있다면, 이것을 10평씩 30명에게 분양을 하는 것이다. 이를 완벽하게 구획 정리, 즉 경계선을 잘 지어 두어야 한다. 그리고 농사에 필요한 물을 논밭에 댈 수 있도록 관수를 제공해야 한다. 경우에 따라 작물별로 관리하는 방법을 알려 주기도 한다. 또 농기구 및 농자재를 판매할 수도 있다. 농장의 하우스 내에 포충기나 이용에 유익한 시설을 설치하거나 살포기 등의 방제용품을 대여하기도 한다. 일반적으로 1년 단위의 계약을 하고, 앞서 가정한 주말농장 300평을 10평씩 30명에게 분양이 완료되면 확정 진행한다. 주말 동안 바비큐 파티를 할 수 있는 시설을 제공하기도 하고, 장화 등의 개인용품을 보관할 수 있는 보관함도 제공한다. 많은 사람이 이용하는 곳이기 때문에 CCTV를 설치하는 것은 기본이다.

앞에서 살펴본 조건의 주말농장은 월 4~5만 원 정도의 이용료를 받는다고 한다. 그러면 주말농장 체험 고객 한 명당 1년에 48~60만 원 정도를 받고, 총 30명을 받으니, 최대 연 1,800만 원을 버는 셈이 된다. 땅만으로 이렇게 소득을 창출할 수가 있다.

# 땅도 리모델링이 가능하다

부동산을 현재 소유하고 있는 사람은 누구나 자신이 소유한 부동산의 가치를 올리고 싶어 한다. 세상에는 다양한 부동산이 존재하고, 저마다 가치를 올리는 방법도 다양하다. 이번 장에서는 리모델링을 통해 내 땅의 가치를 올리는 방법을 알아보도록 하겠다.

기존 우리가 알고 있던 토지 투자는 토지의 지가상승이 일어나는 요인 중에서도 개발 호재 때문에 시세 차익을 볼 수 있는 토지를 사서 일정 시간이 지난 후 기다렸다가 판매하는 수동적인 방법이다. 하지만 토지를 리모델링하는 것은 직접 토지의 가치를 올릴 수 있는 행위를 하는 것으로서 능동적이라는 점에서 다르다. 모든 땅이 리모델링이 가능한 것은 아니지만 임야든 농지든 방법을 찾는다면 얼마든지 리모델링하여 가치를 상승시킬 수 있다.

대부분 투자자는 계획 관리지역 같은 법률상 제한이 없는 완벽한 토지만을 찾는데, 이런 방식이 무조건 좋은 것만은 아니다. 나한테 좋아 보이면 남들에게도 좋아 보이기 때문이다. 많은 이들이 찾는다면 비싸기 마련이고 비싼 땅은 상대적으로 수익을 올리기 쉽지 않다.

우리의 투자 목적은 시세 차익을 보는 것이므로 저렴한 땅을 찾아야 된다. 토지 투자는 안정적이고 높은 수익성을 기대할 수 있지만, 제대로 된 안목이 없다면 잘못 산 땅 때문에 고민할 수가 있다. 실제로 땅을 잘못 사서 고생하는 사람들이 얼마나 많은가? 한두 푼 들어가는 투자처가 아니기에 신중히 투자해야 하고, 제대로 투자해야만 안정적이고 수익률이 높은 토지 투자의 장점을 살릴 수 있다.

보다 효율적인 토지 투자를 위해서는 과거에 많이 사용했던 투자 방식에서 벗어나는 것이 필요하다. 정책의 흐름을 이용하되, 법의 틈새를 조금만 더 활용해서 토지 형상을 바꿔 가치를 높일 수가 있다.

## 1) 환경미화가 첫 번째다

'보기 좋은 떡이 먹기도 좋다.'는 말이 있다. 잘 팔기 위해서는 개발 호재 등의 가치도 중요하지만 기본적으로 깔끔하면 더욱 좋다.

그러므로 토지 주변에 쓰레기를 치우고, 나무나 잡초 등을 정리한다. 토지 리모델링에 앞서 군더더기 있는 외관을 깔끔하게 정리해 주는 작업이 필요하다.

## 2) 지대 높이를 조정한다

도로면과 지대의 높이가 차이가 난다면 도로면과 같은 높이로 맞춰야 한다. 높은 땅은 깎아내야 하고, 낮은 땅은 흙을 추가로 구입해 지대를 높이는 작업이 필요하다.

## 3) 지나치게 큰 땅은 분할한다

너무 지나치게 땅이 큰 경우에는 적당하게 나눠서 기대한 만큼의 가격을 받을 수 있도록 분할한다. 그래야 조금이라도 더 빠르게 매매가 된다. 여기서 분할이란 지적공부에 등록된 1필지의 토지를 2필지 이상으로 나누어서 등록하는 것을 뜻한다. 여기서 중요한 것은 분할의 장점이라고 말할 수 있는, 매매가 쉬워진다는 것이다. 예컨대 평당 10만 원인 1,000평의 토지가 있다고 하면, 1억 원에 매입해야 하지만, 팔기가 쉽지 않을 것이다. 이런 경우에는 분할 작업을 통해서 총 가격을 줄여서 매수자가 보다 쉽게 토지를 구매할 수 있도록 하는 것이다.

그리고 더 큰 평수의 토지들은 평 단가가 낮기 마련이다. 이것은 총 투자금이 크다 보니 찾는 사람이 적어서 시세보다 저렴하게 나오는 경우가 많다. 이처럼 평수가 큰 토지를 시세보다 저렴하게 매입을 해서 구매하게 된다면 토지 리모델링으로 인한 땅값 상승을 노려볼 수 있다. 단 분할 시 조심해야 할 부분은 토지는 분할할 때 도로가 가장 중요하다. 도로가 없는 땅은 건축할 수 없는 맹지이기 때문이다.

### 4) 경우에 따라 합병도 좋은 방법이 될 수 있다

합병이란, 지적공부에 등록된 2필지 이상의 토지를 1필지로 합쳐서 등록하는 것을 뜻한다. 토지 모양이 반듯하면 상관이 없겠지만, 그렇지 않거나 도로에 붙어있지 않은 맹지이거나 하는 전의 대지들을 합해서 보다 반듯한 1필지로 만드는 것이다. 다만 합병을 하려고 하는 토지 사이에 지번 부여지역, 지목, 소유자가 같아야 된다. 이런 정보들을 알고 있으면 토지에 투자해서 보다 만족스러운 수익을 올릴 수 있다.

### 5) 성토와 절토를 아느냐

성토란 땅이 꺼져 있는 부분을 메우는 것을 말한다. 그리고 절토란 지면보다 높은 땅을 깎아내는 것을 말한다. 여기서 성토하는 비용에 대해서 예시를 들어서 설명해 보겠다. 200 제곱미터의 토지의 대해 1미터의 성토 비용이 얼마 정도 드는가에 대해서 알아보자.

(1) 면적 미터를 환산한다

200제곱미터 × 3.3025 × 1미터=약 660.5 제곱미터

(2) 15톤 덤프트럭에는 보통 8제곱미터의 흙을 실을 수 있다

660.5 ÷ 8=약 83대 정도의 덤프트럭이 필요

(3) 15톤 덤프트럭 한 대당 비용은 6만 원이라고 했을 때

83대 × 6만 원=약 498만 원

여기서 장비 대여 등의 기타 비용은 제외한다.

성토와 절토의 목적은 앞서 살펴본 바와 같이 지대 높이를 조정하는 것에 있다. 도로와 토지의 높이를 같게 하여 허가 여부를 얻기 위해서이기도 하고, 토지 활용도를 높이는 것도 그 목적이다. 그래서 매매가 더욱 쉬워지게 하기 위함이다.

### 6) 돈이 되는 맹지

보통 맹지는 건축 등의 그 어떤 행위도 하지 못한다. 일반적으로

맹지는 절대 사면 안 되는 땅이라고 알려져 있다. 그러나 이것 또한 정말 좋은 입지의 맹지라면 나는 무조건 사야 한다고 본다. 그리고 입지 좋은 맹지라면 굳이 리모델링을 하지 않더라도 팔린다. 맹지는 그 자체로 하자로 평가되기 때문에 다른 토지보다 저렴하게 매입할 수 있다.

맹지는 도로에 붙어있는 토지의 소유자에게 사용승낙서나 도로에 붙어있는 부지를 매입해서 맹지에서 벗어날 수 있다. 그러면 땅값 상승은 자연스러운 것이다. 그렇기에 맹지라고 무조건 피할 것이 아니라 도로를 낼 수 있는지의 방법을 고민해 보고 투자를 하는 것이 좋다. 이처럼 맹지를 도로에 붙게 만들면 건축허가의 가능성이 커지고 그러면 땅값 상승을 노려볼 수가 있다.


### 7) 도로를 리모델링하라


땅에 붙어있는 길이 너무 좁거나 삐뚤삐뚤하거나 움푹 꺼져서 물이 고여 있는 등의 하자가 있는 땅들이 있다. 이런 땅은 저렴하게 살 수가 있고 그 하자를 해결하기만 하면 땅값 상승을 노려볼 수 있다. 특히 움푹 꺼져 있는 땅은 덤프트럭 몇 대 분량의 흙을 구매해서 메워도 되고, 흙을 얻어올 수도 있다. 지방자치단체의 지원을 받아올 수도 있는 등 방법은 많다.

## 8) 용도변경이 될 지역

용도변경이 될 수 있는 이유는 도시 관리계획, 대규모 개발지 주변 도시지역 편입, 인구증가 지역의 도시 확장으로 기존 농림지역과 관리지역 등에 시가화(도시의 큰 길거리) 예정지로 지정되는 경우가 있다. 용도지역이 변경되는 것은 토지의 팔자가 바뀐다는 것이다. 도시 기본 계획과 인구증가 지역을 주목해야 하는 이유이다.

## 9) 지목 변경

지목은 28개가 있다. 보통 초지나 임야, 농지가 지목 변경의 대상이 되는데, 지목 변경이 이루어지면 적어도 3배 이상의 지가 상승을 꾀할 수가 있다.(p.297 참조)

## 10) 법률상 하자를 제거하라

압류, 유치권, 법정지상권, 근저당, 분묘기지권 등의 법률상 하자가 걸린 토지는 저렴하게 구입할 수가 있다. 이런 토지는 해당 법률상 하자를 해결할 수 있다면 만족스러운 투자 수익을 올릴 수 있다.

# 10

# 리모델링을 통한 토지 투자 성공사례

　토지를 리모델링하여 수익을 내는 사례는 매우 많다. 다만 우리에게 그런 성공사례보다 실패사례가 더 많이 알려진 것은 아무래도 '돈 벌었다는 이야기'보다 '돈 잃었다는 이야기'를 했을 때 부담이 없기 때문이다. 그렇기에 토지 투자를 통해 돈 벌었다 하는 이야기보다 돈을 잃었다는 이야기를 우리는 많이 접하게 된다. 하지만 실제로 토지 투자는 토지를 살 때 잘못 사지 않는 이상 손해를 보지 않는다. 토지는 그 특성상 1평, 1필지라도 세상에서 똑같은 것이 하나도 없기 때문이다. 그러므로 그 땅이 수요가 있을 땅이라면 해당 땅값은 자연스럽게 오르게 되어 있다.

## 1) 논을 밭으로 만들어서 투자 수익을 본 사례

농사짓기 애매한 논의 경우 밭으로 만들면 좋은 결과를 볼 수 있다. 지적법상 논, 밭, 과수원을 모두 농지라고 부르는데, 같은 농지 간에는 매립을 하는 등의 작업으로 땅의 형질을 변경할 수가 있다. 매립, 성토 등의 작업은 농지계에 신고하면 충분하고, 이것을 농지 개량이라고 한다. 산 아래 좋은 위치의 논을 메워서 밭으로 만든 사례를 살펴보자.

안성에 거주 중인 농사꾼 50대 박 씨는 2차선 지방 도로변에 움푹 꺼져 있는 논을 메워서 도로와 같은 높이의 밭을 만들었다. 그런 후 해당 밭을 300평씩 5필지로 쪼개어서 주말농장으로 분양했다. 박 씨가 분양한 밭은 바로 뒤에 산이 있고, 위치가 좋아 주말농장용 텃밭으로 인기가 많았다. 박 씨의 밭은 근처 도시의 사람들에게 금방 팔리게 되었다. 이렇게 302평 미만의 농지를 체험영농 목적의 농지로써 주말농장이라고 한다. 이렇게 박 씨는 자기가 쓰지 않았던 논, 밭을 좋은 값에 처분하여 큰 투자 수익을 올리게 되었다.

## 2) 경지 정리작업을 통해, 땅을 반듯하게 리모델링한 사례

강원도에 거주 중인 서 씨는 조상에게 물려받은 밭 2,000여 평을 경지 정리작업을 하려고 했다. 이 밭은 골짜기 사이에 위치하고, 경사가 심하며 돌이 많아서 농사짓기가 힘든 조건을 가지고 있었다. 그래서 거의 버려둔 땅이었는데, 경계측량을 해서 밭을 경지 작업하기 시작했다. 중기 사용료는 토공 작업 완료 후에 밭을 일부 떼어 주는 것으로 해결했다. 보름 정도 농지 정리작업을 한 결과 농사짓기 힘들던 밭은 아주 말끔한 밭으로 바뀌었다. 해당 밭은 관리지역이었는데, 농사를 짓기보다는 도시인에게 팔기로 했다. 서 씨는 토지를 500평씩 4개로 반듯하게 분할한 후에 해당 토지를 팔기 위해서 내놓았다. 그리고 얼마 지나지 않아 교회에서 그 땅을 전부 사겠다고 해서 서 씨는 그 땅을 좋은 값에 팔 수 있었다. 서 씨는 그렇게 비용을 제하고도 1억을 벌었다.

### 3) 민박 사업으로 투자 수익을 올린 사례

홍천에 거주하는 홍 씨는 직장을 은퇴하고 민박 사업을 시작했다. 보통 농가주택이라고 하면 시골에서 볼 수 있는 그런 평범한 시골집을 뜻한다. 농가주택은 전원주택 또는 농업인 주택으로 다르게 불리고 있다. 가지고 있는 토지 중에 산 밑에 있는 좋은 위치에 논이나 밭이 있다면 민박용 농가주택을 지어 보는 것도 좋다. 농민이 농가주택을 지을 때는 도시에 비해서 절차가 매우 쉬운 편이다. 경치가 좋은 곳이라면 농가주택을 지어서 민박 사업을 할 수도 있다. 이렇게 민박 사업은 주인이 거주하는 방을 포함해서 70평 미만

이어야 하고, 민박 사업 신고를 통해 진행할 수 있다.

### 4) 없던 도로를 내고, 있던 도로는 넓히자

토지에 있어서 접근성이란 매우 중요한 요소 중 하나이다. 요즘 수도권에서는 지방 도로변에 제조장이나 농산물창고, 소규모 물류 창고를 짓는 경우가 많다. 그리고 지방에서는 지역 특산물 매장, 음식점, 휴게소, 농기구 수리센터 등과 같은 건물이 많이 들어선다. 이런 건물을 지으려면 진입도로가 필수이다. 건축물에 따라 필요로 하는 진입로의 폭이 달라진다.

강원도에 거주하는 김 씨는 물려받은 땅 3,000평을 개발해서 관광농원으로 만들 계획을 세웠다. 그리고 산 아래 개울가 등 여기저기 흩어져 있는 자신의 농지를 측량해 보았다. 하지만 대부분 길이 없는 맹지인 것을 확인한 김 씨는 실망했다. 건축하려면 진입도로가 필요한데 김 씨가 물려받은 땅은 도로가 없는 맹지가 대부분이었다. 이것은 실패사례에 속한다. 진입도로가 있는 땅과 진입도로가 없는 땅의 가격 차이는 못해도 40% 이상 난다고 볼 수 있다. 김 씨는 만일 해당 맹지를 개발해서 얻을 수 있는 투자 수익과 비용을 계산했을 때 이익이 더 크다면 개발을 했을 것이다. 그러나 비용과 수익이 큰 차이가 없어 개발하지 않았다.

# 토지 개발 가능성이 높은 땅
# 알아보는 방법

　모든 토지 투자자들은 개발이 될 수 있는 땅, 투자 수익이 될 수 있는 땅을 찾는다. 수도권에 위치한 개발 가능성이 있는 땅은 소액 투자자들이 쉽게 구할 수 없다 보니 지방의 미래가치가 높은 토지에 관심을 가지는 것도 한 방법이다. 저렴하게 투자할 수 있는 땅은 땅값이 오르기 쉽지만, 평 단가가 비싼 땅은 상대적으로 그렇지 않다. 지방이라도 좋은 위치의 땅이라면 수도권이나 서울의 땅에 투자한 수익보다도 훨씬 높은 수익을 볼 가능성이 있다. 땅의 평 단가가 낮을수록 좋은 점은 값이 오를 가능성이 크다는 것이다. 예를 들어 평당 1,000만 원짜리 땅이 2배 되는 것보다 평당 1만 원짜리 땅이 2만 원 되는 것이 훨씬 쉬운 것과 같은 이치다. 수익률을 높이기 위해서는 무조건 서울, 수도권의 땅만 고집하지 않아도 되는 이유이다.

그러면 여기서 개발 가능성이 넘치는 땅은 어떤 땅을 말하는 것일까? 많은 토지 투자 고수들이 말하는 토지 투자 노하우의 공통적인 부분을 이 장에서 살펴보도록 하자.

### 1) 국가사업을 관심 있게 보자

이것은 어쩌면 매우 중요한 것 중 하나라고 볼 수 있다. 토지의 개발 가능성은 개발사업 주체가 누구인지에 따라 달라진다. 가령 일반 기업에서 어떤 개발을 하겠다는 것보다 나라에서 어떤 개발을 하겠다는 것이 더 실현 가능성이 있고 신뢰가 갈 것이다. 그러므로 나는 나라에서 진행하는 국가사업을 첫 번째로 치고, 일반 기업에서 진행하는 사업은 그냥 보너스 사업이라고 보고 있다. 즉 나라에서 진행하는 국가사업은 관심 있게 보되 기업에서 진행하는 사업은 되면 좋고 안 되어도 그만인 사업으로 치고 참고용으로 여기자. 이것은 앞에서 설명했던 것과 같이 사업 주체에 따라 신뢰도와 진행 기간이 차이나기 때문이다.

아파트 분양을 받더라도 대기업에서 짓는 것을 더 선호하는 이유가 무엇인가? 어떤 발표를 했으면 이것이 실제로 진행이 되어야 하는데 진행할 능력이 있느냐 없느냐와 같은 문제이다. 어린아이가 자동차를 사 주겠다고 하는 것과 성인이 자동차를 사 주겠다고 하는 것의 차이랄까? 둘 다 진심이라 해도 실제로 선언한 바를 이루고 못 이루고는 그 사람의 능력에 달려있기 때문이다.

대표적인 국책사업은 KTX 호남고속철도, 새만금사업, 혁신도시 사업 등이 있다. 이런 국책사업은 빠르게 되든 느리게 되든 일단은 완성이 되기 때문에 미래가치가 넘친다고 말할 수 있다. 국가사업에 대한 정보를 얻을 수 있는 곳은 국토교통부, LH공사 등을 수시로 방문하는 것이 좋다.

그리고 특정 지자체장이 선출될 때 공약이라는 것을 하게 된다. 그들도 선출된 후에 공약을 지키기 위해 노력하지만, 나라에서 지원이 없다면 이행이 쉽지 않은 경우도 많다.

한 나라의 대통령도 공약을 지키지 못하는 경우가 있는데, 지자체장이라면 오죽할까? 게다가 지자체의 빚이 많다면 공약했던 사업을 진행하기 힘들 것이다. 정권이 바뀌면 지자체 사업에도 변화가 생기기 마련이다. 현재 지자체 사업에 대한 변화와 지자체장이 어떤 사업에 주력하고 있는지는 지자체의 정관, 동정, 보도자료 및 지역 신문 등을 확인하는 것도 좋은 방법이다. 최근 인터넷 신문에도 많은 정보가 올라오니 참고하면 도움이 될 것이다.

## 2) 용도지역을 주의하자

　용도지역은 토지 투자에 있어서 가장 중요한 부분이다. 용도지역이 중요한 것은 내가 소유한 토지에 주택을 짓고, 상가를 짓기 위해서라고 하지만, 시세 차익을 얼마나 볼 수 있느냐에 대한 문제이기도 하기 때문이다. 한 지역의 도심지와 가까운 곳의 땅이라 하더라도, 용도지역이 개발할 수 없는 땅이라면 도시개발계획이 있는 곳이라 하더라도 농림지 등은 우선순위에서 멀어지기 마련이다. 더욱이 용도변경이 되지 않을 땅이라면 투자가치가 떨어진다. 그러므로 지자체나 국가개발계획에 대한 사업 토지 개발계획도라든가 해당 토지의 토지이용계획확인서 열람, 지적도 확인 등의 정보 수집 작업은 토지 투자에 있어서 아주 큰 힘이 될 수 있다.

　토지 투자는 좋은 땅을 찾는 것도 중요하지만, 그런 좋은 땅에 투자할 수 있는 타이밍이 왔을 때 그 기회를 알아보고 투자할 수 있는 안목과 노련함이 필요하기 때문이다. 이런 자질은 역시 사전 조사와 공부에서 시작된다고 할 수 있다. 그러니 공부하자.

# 반드시 알고 있어야 하는
# 토지 투자 노하우 3가지

**1) 토지 투자에 있어서 교통망은 투자의 나침반이다**

교통망이란 토지 투자에 있어서 투자의 나침반이라고 할 수 있다. 대부분의 토지 전문가들에게 토지 투자 유망지역을 짚어달라고 하면 새로 개통되는 도로나 철도가 개통되는 지역을 알려준다. 길이 생기고 교통망이 좋아지면 사람이 드나들기 좋고, 사람이 많이 드나들면 땅의 활용도가 높아지기 때문에 땅값이 오를 수밖에 없다.

서울을 포함한 수도권, 더 자세히는 강남과 교통이 편리할수록 이주하는 사람도 많다. 그러므로 교통망 신설은 땅값이 상승하는 데 아주 중요한 요소가 된다. 대표적인 사례로는 서해안 고속도로가 지나가는 당진, 서산, 태안이 있고, 경부고속도로가 지나가는 천안, 오송, 대전 등지의 땅값이 30년 정보다 수십 배 이상 상승한 것도 교통망에 따른 호재 때문이다.

땅값에 직접적인 영향을 주는 교통망은 지방도로, 국도, 고속도로, 순환도로, 전철, 경전철, 고속철도 등이 있다. 여기서 투자 포인트는 고속도로 IC와 역이 들어서는 지역의 땅이다. 고속도로 IC가 들어서면 해당 지역으로의 진입 및 출입이 보다 쉬워지므로 상권이 발달하면서 땅값은 오를 수밖에 없다. 대표적인 사례로는 용인 신갈읍이 있다. 신갈은 경부고속도로 신갈 IC가 개통되기 전까지만 하더라도 작은 시골에 불과했다. 그러나 신갈 IC가 개통된 후 급격한 개발이 이루어지면서 신갈리에서 신갈읍으로 승격되었다.

### 2) 좋은 땅은 원래 없다

원래 길이 없는 맹지는 땅값이 저렴하다. 토지 투자 전문가들이 맹지를 선호하는 이유는 저렴하게 살 수 있기 때문이다. 아무리 건축이 불가능한 맹지라고 해도 좋은 입지의 땅이라면 진입로를 개설하여 그 가치를 올릴 수가 있다. 보통 토지 투자를 한 지 얼마 안 되는 투자자들은 하자가 하나도 없는 땅만을 본다. 하자가 하나도 없으며, 누가 보기에도 좋을 그런 땅, 말 그대로 배산임수의 그런 땅 말이다. 토지 투자 안 해본 사람일수록 이런 경향이 심하게 나타난다. 여기서 내가 개념 정리를 해 주자면 토지 투자에 있어서 가장 좋은 땅은 나에게 투자 수익을 가져다줄 수 있는 땅이지, 누가 보기에도 좋은 그런 땅이 아니라는 것이다. 지금 현재는 볼품없는 땅이지만, 미래에는 가치가 넘치는 그런 땅을 찾아서 미리 투자하고 투자 수익을 끌어내야 한다.

〈천안역 1km 역세권-97배 상승〉

| 기준년도 | 개별공시지가 | 공시일자 |
|---|---|---|
| 2017년도 | 1,350,000원 | 2017/05/31 |
| 2000년도 | 13,900원 | 2000/06/30 |

1,350,000 ÷ 13,900 =
**97배**

〈2008년 충남 아산시 배방읍 장재리 1348〉

〈2020년 충남 아산시 배방읍 장재리 1348〉

## 3) 테마가 있는 곳을 주의 깊게 보자

토지 투자를 결정하는 데 있어서 중요하게 보아야 할 것은 테마이다. 땅값이 상승하는 지역에는 저마다 테마가 있는데, 최근 토지 시장을 움직이는 테마는 3기 신도시, 서해안 복선 전철, 제2경부고속도로 주변, 새로 개통되는 역세권 토지 등이 있다. 특별히 3기 신도시에 대한 토지보상이 곧 이루어질 예정이어서 그 인근 지역에 투자할 곳을 찾는 사람들이 많다. 이런 테마가 보이는 지역들은 다른 지역보다 상대적으로 땅값 상승률이 높다. 이렇게 정부 정책이나 국책사업 등에 의해서 땅값은 상승하게 된다.

# 땅 투자가 답이다

# 01

## 땅 투자는 간단하다

지금까지 다루었던 토지 투자 노하우는 많은 이야기를 하고 있지만, 결국 땅 투자의 핵심 중 핵심은 해당 토지의 입지이다. 토지 입지는 사면 안 된다고 하는 땅인 맹지, 묘지, 심지어 그린벨트까지도 토지 투자처 리스트에 오르게 만든다. 이것은 잘 팔릴 만한 땅, 값이 오를 만한 땅임을 확실히 증빙하는 믿을 만한 자료, 사실 등이 있을 때의 이야기이다. 그렇게 땅 투자는 어려운 것 같으면서도 간단하다.

토지 투자를 하면서 가장 조심해야 할 것은 어찌 보면 땅보다 사람이다. 사람이 거짓말을 하지, 땅이나 물건은 거짓말하지 않는다.

나는 사실 부동산업을 하면서 정말 많은 상처를 받았다. 물론 좋은 사람은 소수이고, 서로 속이고 속이는 사기꾼이 너무 많다. 진실이 하나도 없는 사람들이 너무나 많다. 같이 일하는 동료끼리도 이러는데 고객과 회사로서 만난다면 오죽할까? 더는 상처 받기가 싫다. 이 글을 읽는 여러분들도 반드시 되새겨야 한다. 사람이 거짓말을 하지, 땅이 거짓말을 하지 않는다는 것을. 좋은 사람이 나쁜 물건을 팔 수가 있고(그 사람도 속은 경우), 나쁜 사람이 좋은 물건을 팔 수가 있다.(그 사람도 좋은 물건인지 모르고 파는 경우로 사실 관심도 없을 것이다.)

토지 거래는 기본적으로 계약서를 작성해야 한다. 계약서 작성에 대해서 간단한 팁을 살펴보자.

### 1) 계약서에 반드시 특약사항을 넣어라

성공적인 토지 투자를 위해서는 '지적불부합지'라는 것을 알아야 한다. 지적불부합지란, 지적공부상의 내용이 실제와 다른 토지를 통틀어 뜻하는 것이다. 토지에 있어서 필지라는 단위는 소유의 범위인데, 한국에는 37,157,000필지가 있다. 이중에서 무려 15% 정도의 필지가 지적불부합지에 해당한다. 이런 현상으로 인해서 많은 분쟁이 있었는데, 이것을 잘 알아보고 투자한 사람에게는 아주 좋은 기회가 되기도 했다.

하나의 사례로 몇 년 전에 있었던 법원 판결문에서도 살펴볼 수가 있다. 법원에서는 서류상 땅의 면적과 실제 땅의 면적이 다르다는 사실이 밝혀지더라도 땅을 산 매수인이 매도인을 상대로 그 차액을 돌려받을 수 없다는 판결 내용이 나왔다. 여기서 우리가 매수인의 상황이 되지 않기 위해서는 토지 계약서를 작성하기 전에 반드시 특약사항으로 제곱미터를 표시해서 수량을 명확히 할 필요가 있다. 그리고 토지 계약을 할 때 해당 토지에 수목이나 무허가건물 등이 있으면, 땅뿐만 아니라 아닌 지상물 일체를 포함하는 계약이라는 것을 특약사항으로 명시해야 불필요한 시간과 돈 낭비를 줄일 수 있다. 좋은 나무는 경우에 따라 수천만 원까지의 가치를 지닌 경우도 있다. 추후 이 때문에 소송이 벌어지는 경우가 많으니 주의하자.

무엇보다 소유권 이전이 늦어지면서 발생할 수 있는 손해배상 책임에 대한 것과 땅에 대한 소유권 제한 사항, 즉 가압류나 근저당 등이 설정되어 있다면 잔금 지급 전에 이를 해결하고, 해결이 안 될 시에는 자동으로 계약의 무효화, 매매 금액에 대한 부분은 전액 반환한다는 내용을 반드시 추가해야 한다. 이렇게 계약서를 작성할 때 꼭 특약사항을 넣어야만 손해를 막을 수 있다.


## 2) 절대로 구두계약 하지 마라

나는 구두계약 얘기만 나오면 치가 떨린다. 세상에는 사기꾼들이 너무 많으니 절대 구두계약만으로 거래하지 말라는 당부를 하고 싶다. 앞에서 하는 말이 다르고, 뒤에서 하는 말이 다른 사람들이 너무 많다. 부동산 일을 하면서 동료를 믿고 그냥 구두계약으로 진행을 했다가 동료의 거짓말에 간담이 서늘한 적이 있었다. 물론 속았다는 것을 깨닫고 발 빠르게 증거를 수집해서 위험에서 벗어날 수 있었다. 하지만 그 때문에 많은 시간과 비용을 허비해야만 했다. 정말 이해가 안 되는 사람들이 너무나 많다. 게다가 투자하고 나면 뭐 해주고 뭐 해주겠다고 구두로 약속했다가 내가 잔금 입금을 하고 나면 갑자기 모르쇠로 일관하고, 보내 준다던 것을 절대 안 보내는 경우가 허다했다. 양의 탈을 쓰고 사기를 치는 사람들이 너무나 많으므로 사람을 절대 믿지 말라고 말하고 싶다. 그러니 모든 것을 계약서에 특약사항으로 작성하는 것이 현명한 방법이다. 만약에 사려는 땅이 맹지라면 이에 대한 구체적인 해결 방법과 비용에 대한 모든 부분을 협의한 대로 모두 계약서에 특약사항으로 반드시 넣어야 한다. 그리고 매입하려는 토지 위에 불필요한 물건이 있을 때는 잔금 지급 전에 모두 해결한다는 내용을 반드시 특약사항으로 넣자.

같은 회사 직원에게까지도 사기행각을 벌이는 사람들이 많다. 내가 여러 가지 일을 해본 결과 꼭 부동산만 이런 것은 아니지만 직원에게 보증금을 강요하며 시간이 지난 후 돌려주겠다고 구두계약을 하고도 때가 되면 '월급 받아 가지 않았냐?'고 하는 악덕 업자들도 있다. 아니 어쩌면 이렇게 뻔뻔할 수가 있을까? 오히려 보증금을 돌려달라는 직원을 이상하게 보면서 말이다. 이런 사람들이 파는 땅이 어떻게 좋을 수가 있겠는가? 자기 이익 때문에 조금이라도 거짓말을 하는 사람은 상종하지 말아야 한다. 진실이라고는 단 하나도 없는, 그런 뻔뻔한 어른들은 그 성격이 절대 바뀌지 않는다. 초등학교 졸업할 나이만 되어도 그 성격이 바뀌지 않는 것 같다. 아무리 고치려고 해도 안 고쳐진다. 나쁜 사람들을 바로 잡으려고 하지 마라. 그래 봐야 돼지 앞에 진주일 뿐이다.

### 3) 실제 주인과 계약하라

아주 중요한 이야기를 하겠다. 등기부등본상의 실제 소유주와 계약을 하고, 계약 마지막까지 서류를 꼼꼼히 확인해야 한다. 계약서는 토지의 실제 주인과 직접 작성해야 한다. 그리고 계약 당일에 등기부등본상의 등기명의자와 실제 소유자를 확인해야 가장 안전하다. 그 유명한 에펠탑도 실제 주인이 아니면서 주인 행세를 하는 사기꾼에 의해 두 번이나 팔려나간 역사가 있다. 정말 세상에는 사기꾼들이 너무 많다. 그러므로 실제 소유자와 계약해야 한다.

그리고 불가피하게 `대리인과 계약해야 할 경우엔 등기부등본상의 실제 소유자 명의의 위임장에 인감증명을 첨부해야 계약이 의미가 있다. 그리고 이 모든 것을 다 갖추었다고 하더라도 반드시 실제 소유자와 전화를 해서 매매 사실 여부를 확인하자.

　마지막으로 잔금을 지급하기 전에 다시 한번 관청에 가서 계약 이후에 근저당 설정 등이 되어 있는지도 확인해야 한다. 서류를 검토하는 것은 계약 전, 후 그리고 마지막까지 직접 본인이 해당 관청에서 서류를 발급받아 확인한다. 땅을 보는 것뿐만 아니라 이렇게 서류를 수시로 확인해야 한다. 정말 사소한 것 하나 때문에 크게 손해를 보는 경우가 많기 때문이다. 그래서 계약서는 최대한 꼼꼼하게 작성을 하고, 서류 확인도 마지막까지 여러 번, 정말 보고 또 봐야한다. 그리고 그 모든 서류 자체는 본인이 직접 떼야 믿을 수 있다.

# 땅값이 만들어지는 원리

땅값은 어떻게 정해지는 것일까? 세상에 땅은 정말 많다. 같은 모양의 땅이라도 그 값은 하늘과 땅 차이다. 같은 지역의 땅이라고 하더라도 '돈이 되는 땅', '돈이 되지 않는 땅'이 있다. 세상에 똑같은 땅은 존재하지 않는다. 같은 모양, 같은 지역의 땅이라고 하여도 그 위치가 같을 수는 없는 법, 그래서 땅의 가치는 같을 수가 없다.

땅값을 설명하기 위해서 먼저 조선시대로 거슬러 올라가보자. 조선시대에는 좋은 논의 경우 수확물에서 보통 70~80%를 소작료로 거두어들였다고 한다. 소작인들이 농사를 지으면 수확물 대부분을 지주가 가져가는 시절이었다. 당연히 농사를 직접 짓는 소작인들은 부담이 클 수밖에 없었다. 아무리 남의 땅이라고 하지만 힘들게 농사를 지어 얻은 수확물 대부분을 지주에게 주어야 한다니, 예나 지금이나 지주의 위상이 하늘을 찔렀다는 것을 알 수 있다. 바로 이러한 시대에 13대를 이어져 내려왔다고 전해지는 유명한 최부자 집은 소작인들을 배려해서 40% 정도만 소작료로 거두어들였다. 최부자 집은 다른 지주들의 절반 수준만 소작료로 취한 것이다. 최부자 집안이 왜 '선한 부자'라는 평가를 받고 있는지 알 수 있는 부분이다.

땅의 임대료를 다른 말로는 '지대'라고 한다. 땅을 빌린 소작인이 한 마지기당 4가마를 수확해서 2가마를 지주에게 소작료로 주었다면, 1가마당 15만 원으로 쳐서 30만 원 정도가 된다. 이렇게 되면 땅의 임대료, 즉 지대는 1마지기당 연 30만 원에 이르게 된다. 이 경우 땅값은 소작인들에게 앞으로 지급받을 수 있는 지대를 모두 합한 값이 되는 것이다. 쉽게 계산해서 미래가치를 현재가치로 바꾸어 보자. 이자율을 거꾸로 적용하여, 첫 번째 30만 원을 받은 것을 이자율 10%로 계산하면 모두 합해서 300만 원에 이른다. 다시 한번 정리하자면 땅값은 지대를 이자율로 나눈 것이 된다. 조선시대처럼 다른 영향이 크지 않은 때라면 이런 계산이 가능하다.

조선시대가 아닌 요즘은 어떨까? 지대와 이자율이 변하고 있다. 경제가 성장하면서 땅의 가치도 커지고 있기 때문이다. 즉 지대가 높아지고 있다. 여기서 땅값이 설명되는데, 땅값이 오른다는 것은 미래에 받을 수 있는 지대가 늘어난다는 것을 뜻한다. 그렇기에 10만 원짜리가 100만 원이 될 수가 있고, 1,000만 원이 될 수 있다.

수도권 쪽 땅의 가치가 오르는 이유는 앞으로 토지의 사용가치가 커짐에 따라 지대가 상승할 것이라는 믿음 때문이라고 할 수 있다. 이렇게 땅값은 믿음, 즉 확실치 않은 예측에 의해서도 정해진다. 그러므로 땅값은 '부르는 것이 값'이 될 수 있다. 일부 전문가들에 의해 땅값이 좌우되기도 하는데, 그들이 특정 지역의 땅에 대한 전망을 내놓으면 그 전망이 땅값을 정하기도 한다. 이것이 바로 실거래가와 호가가 차이나는 이유이다.

땅값에 있어서 수요와 공급의 법칙은 조금 다르게 적용이 된다. 일반 재화는 공급에 의해 그 가격이 영향을 받지만, 땅값은 공급을 늘리게 되어도 그 값이 내려가지 않는다. 땅값을 내리기 위해서 추가적인 개발을 해서 공급을 늘렸는데 오히려 인프라가 더욱 좋아져서 해당 토지의 사용가치가 높아지고 결국 전체적으로 땅값이 올라버리는 현상이 발생하기도 한다.

여기서 땅값이 상승할 수 있는 특징으로 어떤 것이 있을까?

## 1) 경제가 성장하면서 국내의 사회간접자본이 많아지면서 그 땅값 상승폭이 커진다

예를 들어 국내에서 가장 비싼 땅값을 자랑하는 서울의 명동은

지대의 상승률이 가장 크다고 인식되기 때문에 그것이 땅값에 반영된다. 같은 재료로 만든 건물이라고 하여도 지역에 따라 상대적으로 그 값이 다른 것처럼 부동산의 가치, 가격을 결정짓는 것은 결국 땅값이다. 강남에 들어선 건물이냐, 지방에 들어선 건물이냐에 따라 그 가치가 달라지는 것처럼 말이다.

### 2) 땅값의 변화는 두드러진다

예측에 영향을 받는 땅값은 오르내리고 그 변화가 두드러진다. 이것은 과거 역사로 보아 경제가 성장하면서 땅값이 뛰었던 것과 IMF를 거치면서 땅값이 폭락했던 것을 보면 알 수가 있다. 그러므로 땅값은 점진적으로 변화한다기보다는 계단식으로 변화하는 쪽에 조금 더 가깝다.

# 땅값은 언제, 어떻게 오르나?

'쌀값 50배, 기름값 77배 뛰는 동안 땅값은 3,000배 올랐다.'라는 말에서 알 수 있듯이 일반적인 땅의 평균지가를 보면 지난 50년간 거의 3,000배가 오르는 모습을 보였다. 매입하자마자 바로 값이 뛰는 땅이 있고, 몇 년 후에 오르는 땅이 있다. 물론 이것은 투자하는 타이밍에 의한 것이지만, 기본적으로 전체적인 땅값은 시간에 비례해서 오르는 모습을 보여준다.

토지 투자자는 기본적으로 땅값이 왜 오르는지 알아야 한다. 이것은 소위 토지 투자의 3승 법칙으로 알 수가 있다. 토지 투자 3승 법칙은 소문 단계, 즉 개발계획이 발표되는 시점에서 3배의 땅값 상승을 보여준다. 소문 단계에서는 개발계획이 발표되더라도 발표했던 시일보다 개발이 늦어지거나 개발 내용이 변경되는 경우가 빈번하므로 선뜻 투자하기가 쉽지 않다. 소문 단계를 지나 확정에서 착공 단계가 되면 땅값은 또다시 3배가 뛴다. 이 단계는 땅값의 상승폭이 크고, 또 비교적 안전하므로 토지 전문가들이 투자에 나서게 된다. 완공 단계에 이르면 또다시 3배의 땅값 상승이 있는데, 여기서 땅값은 오를 대로 올랐기 때문에 투자에 좋은 타이밍은 아니다.

토지 투자는 개발 호재가 있는 지역 그리고 좋은 입지의 땅에 토지 투자의 3승 법칙을 토대로 적절한 타이밍에 투자에 나서야 좋은 결과를 얻을 수 있다. 그리고 그 기다림의 시간이 지나고 나면 비로소 안전하고 투자수익률이 높은 땅 투자의 묘미를 맛볼 수 있다.

요즘 토지 투자라고 하면 좋은 재테크라는 인식보다는 먼저 '기획부동산'이라는 부정적인 인식을 가지는 사람들이 정말 많다. 실제로 그런 악덕 부동산 업체가 많기도 하다.

하지만 또 토지 투자만큼 안전하면서 높은 수익률을 가져다주는 재테크는 찾아보기 힘든 것도 사실이다. 제대로 투자하기만 하면 정말 가치가 넘치는 재테크 수단 중 하나인데 투자를 연구하고 있는 나로서는 안타까운 현실이다.

진리일수록 그 내용을 왜곡하는 사람이 많다고 하던가? 토지 투자도 그렇다. 참 좋은 재테크인데 악덕 부동산업자들이 너무나도 많기에 좋은 부동산 업체들이 피해를 보는 것이 눈에 보인다. 토지 투자 고수라고 불리는 사람들은 개발되는 땅을 미리 알고 정확한 서류와 정보를 가지고 움직인다. 그러므로 땅값이 언제쯤 오르는지, 오를 땅인지 미리 알고 투자할 수 있다.

# 소액 땅 투자 기간별 재테크

소액 땅 투자 방법은 정말 다양하고, 그 방법은 옛날부터 현재에 이르기까지 지속해서 변화하고 있다. 예를 들어 예전만 해도 환지 개발이 이루어지면 60평이 안 되게 땅을 가진 지주들에게는 환지 개발이 안 되고 보상비만 받을 수 있었던 것이 이제는 입체환지, 또는 소형 평수의 토지를 가진 2명 이상 동의하게 되면 환지개발이 가능한 방법 등이 나오게 되면서 보상 방법 또한 변화되는 모습을 보였다.

보통 토지 투자라고 하면 단기투자가 아니라 오래도록 기다렸을 때 큰 수익을 볼 수도 있는 투자 아이템이라는 인식이 강하다. 이것

은 사실 토지 투자의 전부가 아니라 토지 투자 방법 중 하나일 뿐인
데, 어떤 방법으로 투자하는지에 따라 토지 투자도 단기, 중기, 장
기투자가 모두 가능하다. 다만 세금 부분 때문에 일반적으로 빠르
게 처리하지 않는 경우가 많을 뿐이다.

나의 개인적 의견이지만 재테크, 투자는 정말 확실히 수익을 낼
수 있고 원금을 보장받을 수 있는 안전한 투자처에 분산투자와 같
은 갖가지 방법으로 투자해서 내가 크게 신경 쓰지 않아도 수익을
볼 수 있는 투자가 잘한 투자라고 본다. 투자수익률을 매년 100%
이상, 전무후무한 수익률을 낼 수 있다고 하더라도 주식투자처럼
온종일 신경 쓰고 그곳에 얽매여 있어야 한다면 그것은 사업의 영
역으로 넘어간 것이지 절대로 투자, 재테크라고 보기에는 어렵다.

나에게 있어서 재테크란, 투자 후 내가 신경 쓰지 않아도 내 자산
의 가치를 유지하는 것을 넘어서 불어나는 것을 의미한다. 그래서
이렇게 그 가치를 확실히 유지하면서 시간이 지나면서 수익성이
큰 투자처를 보았을 때 토지 만한 것이 없었다. 땅은 단 한 필지도
같은 것이 없고, 사람이 밟는 땅은 그 자체로 가치가 충분하기 때문
이다.

일반적으로 토지 투자를 제안하는 부동산업자들의 이야기를 들
어보면 자기들이 파는 땅만이 가장 좋은 투자처라고 주장하는 경
향이 있다. 하지만 나는 개인의 상황에 따라서 기간별 맞춤 재테크
방법을 따라야 한다고 생각한다.

예컨대 5천만 원의 자금을 가지고 투자를 하려는 사람이 10년 이상 묵혀두어야 하는 투자를 한다면 어떨까? 나의 경험으로 미루어보아 크게 효율적인 방법은 아니다. 10년 이상 묵혀두어야 하는 투자보다는 더 짧게, 가령 3~5년 정도 후에 투자 수익을 볼 수 있는 투자를 하는 것이 더 적절하다고 볼 수 있다. 그리고 투자하려는 자금이 여유자금인지, 그 자금이 언젠가 필요하다고 하면 언제 필요한 자금인지에 따라 투자방법을 달리해야 한다.

단기적으로 할 수 있는 소액 땅 투자엔 어떤 것이 있을까? 단기적으로 소액 땅 투자를 하기 위해서는 수도권을 유심히 보는 것이 좋다. 물론 수도권이라고 해서 전부 단기 소액 땅 투자에 좋은 것은 아니다. 강남까지 얼마나 접근하기 편한지도 보아야 하고, 개발 호재를 살펴보아야 하는데, 개발 호재의 단계 또한 중요하다. 바로 현재 개발 움직임이 보이는 곳이라야 된다는 것이다. 앞서 살펴본 것과 같이 계획단계의 개발 호재는 개발한다고 계획만 나왔을 뿐 실제 진행될지는 확신하지 못하기 때문이다. 이렇게 강남까지 접근하기가 좋고, 지금 개발이 되는 곳을 찾았다면 이제는 수용지를 찾아보고, 이 수용지 근처의 땅을 알아보자. 찾아본 사람들은 알겠지만 이러한 수용지 인근의 땅값은 이미 올랐을 것이다. 찾는 사람들이 많기 때문이다.

이에 대한 해결책으로는 부동산 업체를 이용하는 것도 방법이다. 물론 악덕 부동산업자들이 매우 많으므로 정상적인 부동산업자인지 볼 수 있는 안목이 필요하다. 악덕 부동산업자들이 아니라면 부동산업자, 업체들에게 투자자로서 많은 것을 얻을 수가 있다. 첫 번째로는 정보이고, 두 번째로는 가치 있는 땅이다. 간혹 정말 실력 있는 부동산업자들은 부동산 자체가 직업이기 때문에 전문적인 정보가 일반 투자자들보다 빠르고 깊다. 그래서 많은 것을 배우고 또 적절한 투자 타이밍을 알 수 있다. 그리고 두 번째로 부동산업자들은 항상 좋은 물건이라는 판단이 서면 좋은 땅을 찾아 미리 사놓기 때문에 일반 투자자로서는 구하기 어려운 땅을 상대적으로 저렴하게 구입할 수 있는 기회를 얻을 수 있다. 이러한 장점들은 좋은 부동산업자를 찾으면 얻을 수 있는 것들이다.

그리고 중장기 소액 땅 투자 방법은 어떨까? 방법은 여러 가지가 있지만 우선 교통망이 잘 갖추어진 수도권 지역에서 개발 호재가 있는 곳이 좋다. 중장기간 투자를 하는 것이므로 평 단가가 저렴한 것이 더 좋다. 다만 여기서 주의해야 할 부분은 악덕 부동산업자들이 비싸게 분양하는 땅이다. 아무리 수익이 좋은 투자처라고 하더라도 처음부터 비싸게 투자했다면 만족스러운 결과를 얻기 힘들다. 토지 투자는 기본적으로 미래가치에 투자를 한다. 처음부터 건물을 지을 수 있는 대지를 사는 것이 아니라 추후 대지가 될 수 있는 원형지를 찾아서 투자하는 것이다. 강남 땅이 누구나 좋다는 것은 알지만 누구에게나 좋은 투자처는 아닌 것처럼 말이다.

우리는 투자한 시점의 가격보다 미래의 가격이 올라야 돈을 버는 것이다. 이미 가격이 오를 대로 올라서 미래에 가격이 오르더라도 그 상승 비율이 크지 않는 곳에 투자한다면 상대적으로 큰 돈을 벌기 어렵다. 이미 오른 땅에 투자하는 것이 아니라 오를 땅에 투자하는 것이 토지 투자의 핵심이라는 것을 기억하자.

마지막으로 장기 소액 땅 투자는 구도심 근처의 땅이 좋다. 구도심 중에서도 인구가 늘고 있거나 생활 기반이 잘 갖추어진 곳이라면 근처 그린벨트 땅이라도 좋은 경우가 있다. 이러한 장기 땅 투자는 지분 투자보다는 한 필지 투자가 더 좋다. 기간을 길게 잡는 대신 투자하는 토지의 가격은 시세보다 훨씬 저렴하게 살 수 있도록 해야 한다. 상대적으로 오랜 투자 기간이 필요한 대신 저렴하게 살 수 있으니 인내심을 가지고 찾아보자.

여기까지 기간별 맞춤 토지 투자에 대해서 알아보았다. 조심해야 할 부분은 투자 전 반드시 시세를 확인해서 너무 비싼 투자는 하지 말아야 한다. 비싸게 투자할수록 투자 기간이 길어지고, 심지어는 투자 시점의 가치보다 더 좋아지더라도 투자 수익을 보지 못하는 경우가 생기기 때문이다.

# 기획부동산은 왜 토지를 좋아할까?

### 1) 땅은 가치를 평가하기 어렵다

오피스텔, 아파트, 상가 등의 건물과는 다르게 땅은 그 가치를 평가하기가 쉽지 않다. 땅 투자는 현재 시세뿐만 아니라 미래에 개발될 수 있는지를 알 수 있어야 한다. 그런데 일반인들은 정보가 한정되어 있다 보니 그것이 쉽지 않다.

일반인뿐만 아니라 토지 투자 초보자들은 법규라든지 토지공법에 대해 지식이 부족하므로 자기 땅이라 하더라도 어떤 행위나 건축을 할 수 있는지조차 모르는 경우가 많다. 토지는 같은 지역이라도 개발이 될 수 있는지, 위치는 어디인지에 따라 가격 차이가 커서 개발 호재가 있는 지역 주변의 가치 없는 땅을 마치 당장 개발이 될 것처럼 투자자들을 속여서 비싸게 되파는 방법을 많은 기획부동산 업체들이 사용해왔다.

### 2) 땅은 기본적으로 장기투자를 해야 한다는 생각

일반적으로 땅 투자는 장기투자로 끌고 가야 한다는 인식이 지배적이다. 그런 이유로 기획부동산 업체들에 사기를 당한 피해자들은 당장 땅값이 오르지 않아도 기다리고 있다가 개발이 된다고 했던 시기가 지나도 개발이 되지 않는 것을 보고야 당했다는 사실을 알게 된다.

이처럼 자기가 사기당했다는 것을 알게 되기까지 오랜 시간이 걸리기 때문에 많은 기획부동산 업체들이 토지라는 아이템을 선호한다. 사기 피해 사실을 알기까지 오랜 시간이 걸리므로 회사를 폐업하고 재산을 빼돌리는 시간을 충분히 벌 수 있다.

이 장에서 이해를 돕기 위해 기획부동산을 통틀어서 나쁘게 표현하기는 했지만, 앞에서 설명했던 바와 같이 기획부동산이라고 해서 무작정 나쁜 업체들만은 아니다. 악덕 부동산업자가 잘못된 것이지, 기획부동산은 일반 부동산회사의 종류 중 하나일 뿐인데, 매스컴에서 악덕 부동산업자와 싸잡아 다루면서 오늘날과 같이 나쁜 인식을 갖게 되었다. 아무튼 악덕 부동산업자들은 토지라는 아이템이 가치 평가가 어렵다는 것과 시간이 오래 걸린다는 점 때문에 사기에 이용하는 것이다.

# 돈 되는 땅 투자 방법

투자자들은 누구나 좋은 땅을 싸게 구하고 싶어 한다. 하지만 누가 보기에도 좋은 땅은 이미 값이 오를 대로 올라 투자가치가 있을 만큼 값이 저렴하지 않다. 적어도 토지 투자에 있어서 좋은 땅은 전문가와 일반인이 가지는 기준과는 조금 다른 것 같다. 앞에서 표현한 것처럼 누가 보기에도 좋은 땅은 이미 값이 오른 상태라 투자하기 적합하지 않으므로 일반인들은 투자하기 좋은 땅을 찾기 어려워한다. 하지만 토지 투자에 있어서 전문가들에게 좋은 땅은 값이 오를 땅이다. 즉 투자한 시점보다 미래에 값이 오를 땅을 말한다. 그래서 일부 투자자들은 법원 경매나 개인으로 토지 매매를 하는 것이 아닌, 전문 부동산 업체를 찾아 투자하곤 한다.

부동산 업체를 끼고 투자를 하면 운영비 명목 등의 마진이 붙겠지만 그만큼 발 빠른 정보를 가지고 확실하게 투자를 할 수 있다는 장점이 있다. 악덕 부동산업자가 아닌, 제대로 된 업체를 찾기만 한다면 귀한 부동산 정보뿐만 아니라, 그 부동산 업체가 미리 사둔 부동산 물건을 구할 수도 있다. 여기서 의문이 생길 것이다.

"아니 그렇게 돈이 되는 부동산 물건이면, 남한테 왜 팔아?"

이 질문에 대한 답은 회사를 운영해본 사람이나 투자를 전문적으로 해본 사람은 알 것이다.

회사를 운영할 때 수익을 빨리 내야 하므로 적당한 수익만 보고 되파는 것이고, 투자할 때엔 투자를 전문적으로 할수록 많은 정보를 접하므로 보다 좋은 땅이 보이는데 자금이 부족해서 투자를 못하는 경우가 생기므로 적당한 수익만 보고 넘기는 것이다. 물론 악덕 부동산업자들이 있기에 이런 의문을 품는 사람들이 많은 것이 사실이다.

그러고 보면 토지 투자에 있어서 가장 중요한 것 중 하나는 어떤 땅이 좋은 땅인지 볼 수 있는 안목인 것 같다. 아쉽게도 투자자들이 좋은 투자 기회를 제안받아도 불안함에 선뜻 그 기회를 잡지 못한다. 이것은 악덕 부동산업자들의 영향이 큰데, 돈이 되는 좋은 땅과 나쁜 땅을 구별해서 투자할 수 있도록 먼저 안목을 키워야 한다. 그러니 공부하고 또 공부하라. 그리고 투자 전에 사전 조사를 철저히

해서 개발 가치가 넘치는 땅을 찾아야 한다. 그래야 '안정성'과 '높은 수익성'을 두루 갖춘 토지 투자의 매력을 충분히 맛볼 수 있다. 토지를 잘 알고 있는 사람일수록 더욱 돈이 되는 토지에 투자할 수 있다.

싼 땅에 많이 투자하는 것과 비싼 땅에 조금 투자하는 것과 같은 차이가 있을 뿐이지 투자되는 금액은 같다고 할 수 있는데, 기왕 투자하는 이 금액을 조금이라도 더 가치 있는 땅에 투자하여 많은 수익을 올리는 것이 우리의 목표이다. 그리고 땅 투자는 다른 요소를 제외하고 딱 가격만 놓고 보았을 때는 비싼 땅에 조금 투자하는 것보다는 저렴한 땅에 많이 투자하는 것이 더 효율적이라고 볼 수 있다. 상대적으로 비싼 땅은 땅값이 올라도 상대적으로 많은 비율로 오르지 않지만, 싼 땅은 상대적으로 많은 비율로 오르기 때문이다.

돈 되는 땅 투자 방법은 많지만 그중에서도 가장 중요한 것은 직접 발품을 팔아야 한다. 기본적으로 토지 투자는 고액이 들어가므로 확인하고 또 확인해야 한다. 투자 리스트에 올린 토지에 대한 정보를 최대한 많이 파악해야 한다는 의미이다. 정보를 파악하는 방법에는 서류를 보는 것도 있지만 빠질 수 없는 것은 실제로 현장에 가서 토지를 확인하는 것이다. 해당 지역 주민, 이장, 부동산업자 등의 사람들에게 정보를 얻는 것도 방법이다. '적을 알고 나를 알아야 위태롭지 않다.'라고 하지 않던가? 정말 토지 투자는 정보가 생명이다.

이렇게 작은 땅이라도 직접 투자를 한번 성공시켜본다면 토지 투자에 자신감이 생길 것이다. 명심해야 할 것은 토지는 무조건 싸다고 좋은 것이 아니라는 점이다. 모두 비슷하게 가치 있는 땅이라고 가정했을 때 상대적으로 저렴한 땅이 좋은 것이지, 가치에서 차이가 난다면 더 따져 보아야 한다. 땅의 투자가치는 그 땅에 대한 정보를 최대한 많이 파악하는 것이 핵심이라는 것을 항상 명심하자. 토지 투자만큼 발품이 가져다주는 결과물이 큰 것도 드물다. 발품을 하나라도 더 팔면 더 만족스러운 투자 수익을 올리기 때문이다.

〈가평역-13배 상승〉

〈2008년 경기도 가평군 가평읍 달전리 438〉

〈2020년 경기도 가평군 가평읍 달전리 438〉

# 토지 투자 전 주의사항

투자와 사업을 하면서 매번 느끼는 것이 있다. 바로 '멘토의 중요성', '교육의 힘'이다. 나는 스무 살에 사업을 시작했다. 그땐 돈이 아까워 좋은 교육의 기회가 와도 멘토를 찾아가지 않고 혼자 해내려고 했다. 한 달에 10만 원 가지고 생활하면서, 또 열심히 일하고 공부하면서도 '이러다 성공하지 못하고 어쩌면 일반인들보다 못하게 늙어버리면 어쩌지?'라는 불안감을 가지고 있었다. 그런 시기를 이겨냈기에 생각보다 빠르게 성장할 수 있었다. 하지만 만약 좋은 멘토를 그때부터 찾아갔더라면 훨씬 더 빠르고 편하게 성장했을 것이다. 좋은 멘토를 만났더라면 굳이 안 해도 될 고생, 시행착오를 혼자 이기려고 했기에 멀리 돌아서 간 것이다.

사업이든 투자든 실수를 하면 돈을 잃게 된다. 이런 실수를 직장인이 한다면 그냥 혼나거나 심할 경우 해고에 그친다. 사업이나 투자에 도전했을 땐 그만한 책임이 따르는 법이다. 그러므로 많은 공부가 필요하다. 적어도 '내 돈'을 지키기 위해서는 말이다. 그래서 토지 투자 전에 명심해야 할 것들을 정리해보았다. 물론 이것들만으로는 다 설명할 수 없고, 또 똑같은 처방으로는 상황이 각기 다른 사람들에게 좋은 해결책이 될 수는 없을 것이다. 그러므로 제대로 된, 빠른 결과물을 얻고 싶다면 믿을 수 있는 전문가에게 도움을 받는 것이 더욱 좋다. 발품을 팔고, 공부하고, 멘토를 찾는 노력을 하면 할수록 여러분의 투자는 안전해지고 수익 가치는 넘쳐날 것이다.

### 1) 목적을 점검하라

앞에서도 다룬 이야기이지만 백 번 강조해도 지나침이 없는 부분이다. 목적이 분명하지 않으면 투자하는 부동산도 분명하지 않게 된다. 보통의 사람들은 '투자 수익도 좋고, 사용하기에도 좋은 부동산'을 찾기 때문에 좋은 부동산 물건을 찾지 못한다. 지금 돈을 들이는 목적이 투자인지, 실제 사용을 하기 위함인지 확실히 하고 진행한다. 토지 투자는 기본적으로 크게 3가지를 노려볼 수 있는 투자 종목이다.

### (1) 시세 차익

토지는 시대가 지남에 따라 변화할수록 그 가치는 두드러지게 높아진다. 이 가치는 시세에 반영되고, 결국 투자 수익을 올릴 수 있다. 땅은 기본적으로 현재가치보다는 미래가치를 보고 사야 한다. 현재에는 논, 밭, 산에 불과할지라도 그 개발 호재 및 입지가 좋아 활용도가 높고, 추후 많은 사람이 찾을 그런 땅을 미리 보고 사야 한다. 이러한 점 때문에 땅은 미래가치를 보고 산다고 하는 것이다.

### (2) 사용 목적

당장에 사용할 목적이라면 해당 토지가 도로에 붙어있는지, 실제 건축 또는 사용하려는 것에 법적인 문제, 제한이 없는지를 점검할 필요가 있다. 사용 목적에 따라 찾아봐야 하는 땅도 다양하므로 이 부분은 반드시 전문가의 의견을 들어보는 것이 좋다. 당장에는 자존심이 상하는 일일지 몰라도 이러한 노력이 결국에는 '내 돈'을 지켜주기 마련이다. 소 잃고 외양간을 고친다고 한들, 이미 잃어버린 소가 되돌아오지는 않는다. 세상이 그렇게 자비롭지는 않으니 아직 기회가 있을 때 기회를 잡자.

### (3) 땅의 가치를 올려 투자 수익을

앞에서 살펴본 토지 리모델링도 하나의 사례라고 볼 수 있다. 건물을 지어서 파는 것도 방법이고, 토지를 보기 좋게 다듬는 것도 방법이다. 때에 맞는 적절한 방법을 선택하면 된다.

## 2) 오랜 투자 기간이 예상된다면 정부 정책을 생각하자

정부에서는 부동산을 규제하기도 하고, 또 규제를 풀어주기도 한다. 그리고 어떤 정책에 의해서 부동산 투자의 타이밍이 결정되기도 하니 어느 정도 정부 정책을 생각하고 그에 맞게 준비하고 움직이는 것이 방법이다. 남들이 부동산을 내놓을 때 사고, 남들이 부동산을 살 때 안 사는 것이 맞다. IMF 때를 기억하자.

## 3) 토지의 단타 투자를 위해서는

앞에서도 언급했지만 토지도 단타 투자가 가능하다. 하지만 굳이 단타 투자를 하지 않는 이유는 납부해야 할 세금의 비율이 높기 때문이다. 기껏 공부해서 투자 수익이 1억 나게 되었는데, 그중 5천만 원을 세금으로 내야 한다면 얼마나 아까울까? 남들은 내지 않아도 되는 세금 5천만 원이라면 말이다. 물론 나머지 5천만 원 수익으로 만족할 수 있지만 일반 토지 투자자들에겐 맞지 않는 경우가 많다. 나의 투자 스타일과 상황이 어떠한지 점검할 필요가 있는 부분이다.

### 4) 대출 이자도 투자금이다

초보 투자자들이 대출 이자를 투자금에 포함하지 않는 경우를 보고 매우 놀란 적이 있다. 대출에는 쓰지 말아야 할 대출이 있다. 특히 투자에 있어서 대출은 신중해야 한다. 대출을 통해 투자 수익을 극대화할 수 있는 효과적인 방법들이 많다. 하지만 그것은 이제 막 재테크, 투자에 입문한 초보의 영역이 아니다. 쉽게 표현해서 웬만한 대출 투자는 현재 투자로 만족스러운 투자 수익을 내는 노련한 투자자가 아니라면 추천하지 않는다. 그럼에도 불구하고 확실한 전문가의 도움을 받아 투자하게 되는 경우라면 대출 이자를 투자금에 반드시 포함해야 한다. 그래야 제대로 된 수익 계산을 할 수가 있다. 이것을 생각하지 않고 무작정 투자한다면 돈을 번 것 같은데 실제로 나중에 보면 남는 것이 없는 '앞으로 남고 뒤로 밑지는 장사'가 될 수 있으니 조심하자.

### 5) 토지 개발 시, 도로가 생명이다

도로가 있어야 행위를 할 수 있기 때문이다. 도로를 개설하는 방법이나 도로와 붙어있는 땅의 지주와의 협상을 통해 해결이 가능한지 따져 보아야 한다.

### 6) 역세권 토지 투자, 지분이라도 소액 분산 투자하라

투자 안목이 좋아서 투자한 부동산 전부 시세 차익을 본다고 하더라도 투자금 회수 시기까지 기다리기 힘들 수가 있다. 만약 토지 투자 유망지역에 분산 투자한다면 분산한 만큼 투자금 회수가 쉬울 것이다.

### 7) 대기업의 토지 근처에 투자하라

토지는 주변 환경에 많은 영향을 받는 종목이다. 대기업은 철저한 분석을 통해 토지를 매수한다. 우리는 이러한 대기업의 움직임에 의해 돈이 되는 정보를 얻을 수 있다.

### 8) 신규 산업단지의 진입로 부분 물건을 찾아보자

토지 투자의 핵심은 진입로 확보에 있다는 말이 있다. 이처럼 진입로가 중요한데, 여기서 우리가 진입로 주변의 물건을 확보해야 하는 이유는 유동인구가 많은 길목이므로 활용성이 있기 때문이다. 그러므로 이런 땅은 개발됨에 따라 더욱 가격이 높아지고 수요자가 많다. 산업단지에 의한 유동인구의 영향을 진입로가 그대로 가져가게 된다.

### 9) 신도시 진입로 주변의 상업지가 될 땅을 찾자

8)번의 원리와 같이 진입로 주변의 땅이므로 신도시가 개발됨에 따라 해당 진입로는 큰 수혜지가 된다.

### 10) 신항만, 신공항 발표로 대규모 개발을 예상할 수 있다

신항만이 개발된다면 바닷길이 열리게 되고, 신공항이 개발된다면 하늘길이 열리게 된다. 바닷길이 열리고 하늘길이 열리는 것은 유동인구가 늘어남을 의미한다.

### 11) 토지의 가격은 흥정할 수 있다

오피스텔이나 아파트와는 다르게 토지는 어떻게 흥정하느냐에 따라서 저렴하게 살 수도, 비싸게 살 수도 있다. 개발 가치가 넘치는 토지라 하더라도 비싸게 산다면 투자 수익은 그만큼 멀어지게 마련이다.

### 12) 토지 투자의 핵심은 타이밍이다

아무리 좋은 토지 물건이라고 하더라도 투자 타이밍을 놓치면 잘한 투자가 될 수 없다. 모두가 좋다고 하는 강남땅이라고 하지만 많은 토지 전문가들이 강남땅만을 고집하지 않는 이유는 이미 투자 타이밍이 지났기 때문이다.

토지 투자는 오를 만한 토지를 찾아서 투자하는 것이지, 이미 땅값이 올라버려서 더는 그 땅값의 상승이 미미한 땅에 투자하는 것이 아니다. 왜 수많은 투자 전문가들이 굳이 임야를 고집하며, 남들이 찾지 않는 맹지를 고집하는지 생각해보면 알 수 있다. 물론 맹지가 투자에 무조건 좋다는 의미는 아니니 명심하자. 토지는 입지가 가장 중요하다.

### 13) 장기투자를 하자

'토지는 원래 장기투자 종목이잖아.'라고 생각할지도 모르겠다. 일정 부분 맞는 이야기이지만 여기서 장기투자하자는 말은 오랜 기간 가지고 있어도 좋을 만한 토지에 투자하자는 것이다. 좋은 토지는 시간이 지나면 반드시 그 값이 오르게 되어 있다.

주의할 점은 토지라고 해서 모든 토지가 오랜 시간 기다리면 많은 수익을 가져다주지는 않는다는 점이다. 좋은 땅이어야 한다. 좋은 땅이란 결국 개발될 수 있고 활용 가치가 풍부해질 입지의 땅이다.

## 14) 땅값이 오르는 것도 중요하지만 팔리는 땅이어야 한다

토지 투자 초보자들은 땅값이 오르는 것만 생각한다. 땅값이 오른다고 해도 팔리지 않는 땅이라면 투자한 의미가 없다. 오히려 돈이 묶이게 되므로 투자에 실패한 것이라고 볼 수가 있다. 그래서 애초부터 팔릴 수 있는 땅을 사야 한다.

## 15) 불경기야말로 투자의 적기다

매번 말하는 것이지만 IMF 때를 생각해보라. 예부터 지금에 이르기까지 불경기야말로 투자의 적기였다. 장기적으로 본다면 금보다도 토지가 더욱 높은 투자 수익을 가져다주었다. 불경기에는 저렴한 부동산이 많이 나오니, 이때가 오히려 더 투자의 적기라고 볼 수 있다.

# 땅을 빌려줄 때 꼭 알아야 하는 것들

토지 투자로 수익을 올릴 수 있는 방법은 다양하다. 일반적으로 시세 차익을 통한 수익이 있고, 농사를 짓는 것도 있고, 사업을 하는 것도 있다. 그리고 임대, 즉 남에게 토지를 빌려주어 수익을 내는 방법이 있다. 이렇게 토지 또한 그 자체로 다양하게 수익을 낼수가 있다. 다만 건물 임대와는 다르게 더 조심해야 할 부분이 있다. 건물에는 공실과 진상 임차인, 정부 규제 등의 리스크가 있듯이 그 못지않게 땅도 법에 대해 잘 알고 대비해야 한다.

먼저 땅을 임대할 때 가장 많이 일어나는 분쟁 중 한 가지는 임대한 땅에 임차인이 집을 지어놓은 경우이다. 시골에서는 생각보다 이런 경우가 많아서 토지를 임차한 입장이거나 임대한 입장 양쪽에서 이해해야 한다. 보통 이 경우는 오래도록 별다른 문제 없이 지내다가 해당 토지의 소유자가 변경되면서 새로운 소유자가 집을 철거하라는 말을 하는 경우가 있다. 최근에는 이러한 경우 번거로워지므로 지주들이 자기 땅에 임차인의 집짓기를 허용하지 않는 경우가 많은데 예전에는 이러한 부분을 그냥 넘어가는 경우가 많았기 때문이다. 토지를 임대하면 임차인은 농사에 필요한 농기구를 보관하거나 임시로 거주할 수 있는 건물을 짓기도 한다. 하지만 해당 토지의 소유자가 그 토지를 개발하려고 할 땐 임차인이 세운 건물을 철거하고 토지를 반납할 경우 어떻게 할까?

토지를 임대, 즉 빌린 입장에서는 기존 임대인, 즉 주인이 바뀌기 전의 땅 주인이 해당 토지에 건물을 지어도 아무 말이 없길래 잘살고 있었는데, 땅 주인이 새로 바뀌면서 갑자기 건물을 철거하고 나가라고 하면 임차인 입장에서도 난처한 것은 사실이다. 보통 이 경우 땅 주인이 철거하라는 이유에 따라 훨씬 더 비싼 임대료로 협상을 하려는 경우가 있고, 그 땅을 반드시 개발해야 하는 경우에는 강제 철거를 강요할 수밖에 없는 경우가 있다. 그럼 빌린 땅 위에 있는 임차인이 지은 건물은 어쩌면 좋을까? 우선 땅을 빌린 사람이 지은 건물에 '소유권 보존등기가 있다.'고 하면 대항력이 적용된다.

그리고 토지에 관한 임대차계약을 하고 등기를 하지 않은 부분에서도 신축 건물에 소유권 보존등기를 했다면 그 대항력이 인정된다. 그렇기에 아직 해당 토지의 임대차계약이 적용되고 있다면, 이 계약 기간이 끝나기까지 잔여 기간에 대해서 임차인도 권리를 주장할 수 있다. 그러므로 토지의 주인이 바뀌더라도 계약 기간이 남아 있다면 임대계약한 기간만큼은 보장받을 수 있는 것이다. 그러다 계약 종료 시기가 오면 계약갱신청구권을 행사하는 경우도 있다. 임대인, 임차인 모두가 따로 이야기가 없다면 임대차계약서는 자연스럽게 갱신된다. 이러한 것을 묵시적 갱신이라고도 표현하는데, 이후부터는 임대인과 임차인 모두는 언제라도 이 계약을 해지하겠다는 통보를 할 수 있게 된다.

토지임대차계약에서 묵시적 갱신으로 인해 계약 해지 통보는 상가 임대차보호법과 주택임대차보호법처럼 특별법으로 정해진 규정을 받는 것이 아닌, 일반 민법을 따르는 것이 원칙이다. 그러므로 토지임대차계약은 묵시적으로 갱신이 된 후에 계약 해지를 원할 시, 임대인은 6개월 그리고 임차인은 1개월 전에 요청하면 바로 효력이 발생한다. 임차인이 계약갱신 요청해서 임대인이 그것을 거절하거나 임대인의 요청에 따라 계약이 종료될 시에 임차인은 해당 건물에 대해서 지상물 매수청구권을 행사할 수 있고, 이에 임대인은 응할 수밖에 없다. '내 땅'임에도 임대인이 마음대로 하지 못하는 이유는 땅 주인이 배타적으로 소유권을 행사하는 것에 대해 임차인이 손해를 보지 않게 하기 위한 장치이고, 임차인이 자기 소유물의 가치를 잃지 않고 회수할 수 있도록 보호하는 부분이다. 사용이 가능한 건물 자체를 철거한다는 것은 경제적 낭비이기에 이를 예방해주는 제도이다.

앞에서 살펴본 사례는 일반 매매로 인해 땅 주인이 바뀐 경우이고, 공매나 경매를 통해 땅 주인이 바뀐 경우라면 이야기가 다르다. 말소 기준권을 보고 건물에 대해 소유권 보존등기가 빠르다면 대항력이 인정되는 부분이나, 그보다 늦게 소유권 보존등기가 되었다면 대항력은 인정받지 못한다. 대항력 자체가 인정받지 못한다면 새로운 땅 주인이 건물을 철거하라고 요청하면 철거를 할 수밖에 없다. 공매나 경매 시에는 말소 기준권리보다 후 순위 임차권자라면 건물에 대해 지상권이 성립하지 않기 때문에 경락자, 즉 새로운 땅 주인의 임차권 승계가 되지 않는다. 보통 이러한 문제들이 있어서 요즘은 토지임대차를 진행할 때 특약사항으로 건축을 하거나 이에 반하는 것은 하지 않는다는 특약을 하기도 한다.

건물뿐만 아니라 임차인이 심은 나무 등에 대해서도 임차인의 소유가 인정되는 부분이니 땅을 빌려줄 때 이러한 부분이 민감하다면 그리고 웬만하면 허용하지 않는 것이 좋다. 내 땅 위에 있다고 하더라도 앞선 사례와 같이 땅 주인도 어찌할 수 없는 경우가 생기기 때문이다.

# 종중 땅을 빌릴 때 조심해야 할 것들

먼저 사례를 살펴보자. 묘목을 키울 계획인 김 씨라는 사람이 있었다. 그는 나무 키우기에 10년 정도 경력이 있었다. 김 씨는 1만 평에 달하는 종중 땅을 임대해서 주변 사람들과 공동으로 투자할 생각을 했다. 임대하는 김에 조금 더 저렴한 장기임대를 선택했고, 그 기간은 10년으로 매년 임대료를 납부하기로 했다. 김 씨는 다방면으로 자문을 구했다. 수목 재배를 하기 위해 임대계약을 하는 것에 대한 주의사항이었다. 여러 조언을 정리해보니, 토지대장에 해당 물건에 대한 근저당 등의 채권설정이 있는지를 파악하는 것이 중요하고, 가압류나 지상권 등이 설정되어 있는지 확인하는 것이 중요하다는 것이었다. 이것은 매매나 전세 계약 시에 주의해야 할 조건들과 다르지 않았다. 김 씨의 경우에는 1인 계약보다 투자를 하는 대상 모두가 공동계약서를 작성하는 것이 좋고, 지상권을 설정하는 것이 좋다는 것이었다. 전세권 설정과 같은 뜻이다. 김 씨는 이러한 조언들을 잘 따랐다.

그리고 종중 땅은 개인 재산으로 치지 않는다. 종중에 속해 있는 모두의 소유이므로 특정 사건이 발생하면 종중에 속한 모든 이들에게 일일이 승인을 받아야 하므로 매우 까다롭다.

종중과 매매 혹은 계약을 하려면 종중 의결서뿐만 아니라, 5명 이상의 종원 동의를 받아야 진행이 가능하다. 흔히 매스컴에서 지분 투자가 안 좋다고 이야기하는 것은 이렇게 지분 소유자 개인 혼자서는 땅을 처분하지 못하는 종중 땅과 공동지분 등기한 땅을 보고 말하는 것이다.

# 10

# 좋은 토지를 찾는 방법

요즘 토지 투자자들은 인터넷 현장답사를 통해 좋은 토지를 찾기가 매우 수월해졌다. 사람의 팔자는 정해져 있다고 하던가. 땅의 팔자도 그렇다. 오를 땅은 이미 정해져 있다. 중요한 것이 이렇게 좋은 땅을 찾는 안목이 있냐는 것이다. 이런 안목은 좋은 토지를 찾기 위한 노력, 즉 손품, 발품에서 나온다.

땅값이 오를 좋은 땅을 알아보기 위해서는 인터넷 현장답사가 많은 도움이 될 것이다. 인터넷 현장답사를 통해 확인해보면 좋은 것들은 도로, 배수로, 이웃, 토지의 입지, 토지 모양, 토지 용도, 땅값 등이 있다. 여기서도 가장 중요한 것은 토지의 입지인데, 토지는 기왕이면 역세권이 좋고, 같은 역세권이라고 하더라도 역사의 출입구가 어느 방향으로 나게 되는지 미리 알면 더욱 좋다. 그런데 이런 정보는 고급정보로 돈 주고는 살 수 없는 정보이다. 무엇보다 인맥이 필요한데, 일부 부동산회사에서는 실제로도 개발되기 전에 도면이나 개발정보를 미리 파악하는 경우도 있다. 물론 상당수의 부동산회사가 사기, 악덕 부동산업자들이지만, 개중 진짜 정보를 발빠르게 파악하고 투자한 부동산회사가 있다는 것이다. 투자자 입장에서는 이러한 전문 부동산회사를 찾는다면 행운이다. 보다 좋은 정보를 거의 무료로 얻을 수 있기 때문이다. 엄연히 따지면 완전 무료는 아니고 부동산회사에서도 운영을 해야 하니, 자기들이 파는 물건들에 마진을 붙이기는 하겠지만 정말 투자했을 때의 시세, 가치보다 오를 수 있는 땅 정보를 알 수 있다면 오히려 초보자 입장에서는 더욱 좋을 수 있다.

우리가 실제로 사용할 토지라면 진입로가 있는지, 주변에 개울이나 하천이 있는지, 토지의 방향은 어떤지, 일조권은? 조망권은? 묘지와 같은 기피시설이 있는지, 지반의 상태와 토질 등이 중요할 것이다. 하지만 토지 투자자의 입장에서는 이러한 것보다 먼저 '이 땅에 내가 지금 투자했을 때 수익이 날지'가 가장 중요하고, 기왕 수익이 나는 것, 조금이라도 더 수익이 날 수 있는 땅인지가 중요하다.

토지는 그 규모가 크면 상대적으로 저렴하게 구매할 수 있다. 하지만 나중에 되팔 시기가 되었을 때 매매가 쉽지 않을 수도 있다는 것을 미리 생각해야 한다. 보통 전원주택용 토지 매수인들은 150평에서 500평 규모의 크기를 선호한다. 금액도 최대 2억이 넘지 않는 수준으로 구입하면 좋다. 이런 식으로 토지 투자는 내가 지금은 투자용으로 매입을 하지만, 땅값이 오르고 투자 수익을 볼 시기가 왔을 때 나에게 해당 토지를 매입해서 실제 사용할 사람이 누구인지 생각해볼 필요가 있다. 개발 호재에 의해서 투자 수익이 나올 토지인지, 아니면 쓰임새가 좋고 특정한 용도로 토지를 찾고 있는 사람에게 꼭 필요한 토지이기에 투자 수익이 나올 토지인지를 미리 생각하는 것이 좋다.

실제 토지를 사용할 사용자가 기피할 만한 시설이 주변에 있는 토지라면 좋은 토지가 아니다. 예를 들어 고압선이나 시끄러운 비행장, 냄새나는 축사, 으스스한 화장터, 공동묘지, 하수종말처리장 등을 들 수 있다. 만약 실제 토지 사용자가 전원주택지용으로 토지를 찾는다면 해당 토지는 지형이 남향이면서 시야가 좋고, 경사가 가파르지 않은 '남저북고'형 토지가 좋다.

토지 투자에 있어서 거의 모든 것, 핵심이라고 할 수 있기에 정말 수백 번도 더 강조하지만 토지 투자는 입지가 가장 중요하다. 입지는 위치와 접근성을 뜻한다. 한국은 수도권에 상당수의 인구가 집중되어 있다. 그러므로 당연히 서울을 비롯한 수도권이 다른 어느 지역보다 구매력이 높다. 구매력이 높다는 것은 다른 말로 그 지역에는 가게를 하더라도 매출이 조금이라도 더 발생할 가능성이 있는 지역임을 뜻한다. 현재 서울의 땅값이 매우 높기 때문에 상대적으로 땅값이 저렴한 경기도 쪽으로 인구가 조금씩 분산되고 있다. 역세권이나 고속도로 IC와 가까워 접근성이 좋은 토지 그리고 토지 중에서도 도심지 상권 안에 있는 토지는 찾는 이가 많아서 땅값도 높고 그 가치가 풍부하다.

적어도 토지 투자자는 도시관리계획, 도시기본계획을 확인하는 노력이 필요하다. 토지는 전망과 개발 가능성이 중요하기 때문이다. 앞에서 언급한 도시관리계획, 도시기본계획은 국토교통부와 해당 지자체 홈페이지에 고시되므로 누구든지 쉽게 확인할 수 있다. 그리고 모든 토지는 한두 가지라도 단점이 꼭 존재한다는 사실을 미리 생각하자. 주변에 묘지가 있을 수 있고, 모양이 좋지 않을 수 있다. 저렴한 토지인데 모양이 이상하다거나 하는 등의 단점이 때로는 단점이 아닌 경우도 있다. 모두가 단점이라고 보는 부분 때문에 좋은 토지를 저렴하게 살 수 있다.

# 한 번 더 살펴보는 땅 투자 노하우

**1) 투자 목적이라면 이미 개발된 땅을 사지 마라**

이미 누군가에 의해 개발이 된 땅이라면 이미 개발이익을 챙긴 상태, 즉 가격이 오른 상태이므로 투자 대상에서 제외되어야 한다. 택지가 조성되어 있거나 형질변경이 되어 있거나 건축허가를 이미 받아놓았거나 합병이나 분할된 땅 등은 이미 그 가격이 오른 경우가 많으니 한 번 더 따져 보도록 하자.

## 2) 공장 주변 지역은 투자하기 좋다

공장지대에는 현재 주거지역이 들어가기 힘들더라도 주거지역이 들어가서 가치가 상승되는 등 시간이 지나면 땅값이 오르는 경우가 많다. 공장 주변 지역이라면 투자 리스트에 올려놓고 선택지로 고민해 볼 만하다.

## 3) 토지 투자는 여유자금으로 하자

토지 투자는 기본적으로 여유자금으로 하자. 주말 체험농장, 토지 임대 등으로 토지 또한 꾸준한 수익을 만들어내는 것이 가능은 하지만 그것은 노련한 토지 투자자들의 영역이다. 일단 기본적으로 초보자들은 무리하게 대출을 하여 토지 투자하는 것을 권하지 않는다. 부동산업을 하면서 가장 안타까웠던 것은 일부 악덕 부동산업자들이 오로지 자기들만의 이익을 위해서 투자자에게는 맞지도 않는 투자 스타일, 물건지를 권하는 것이었다. 주유소 아르바이트를 하는 학생에게 대출을 받게 해서 토지 투자를 강요하는 등 이해가 되지 않는 부분이었다. 토지 투자는 기본적으로 여유자금으로 해야 한다는 것을 명심하자.

# 지금 이순간 최고의 선택

　나는 지금까지 많은 사업과 투자를 해왔다. 지금에 와서 보면 무엇을 하든 결국 목적은 돈을 많이 벌어서 부자가 되는 것이었다. 나는 항상 부자가 되고 싶었다. 그래서 남들이 놀고 쉴 때도 일하고 공부하며 시간을 보냈다. 그렇게 10년이라는 시간이 흐르면서 성공도 하고 실패도 했다. 이 과정에서 나는 많은 것을 깨달았다. 그중한 가지는 부자가 되려면 내 돈이 나를 대신해서 돈을 벌어오게끔해야 한다는 것이었다. 나는 적지 않은 시간 사업을 하면서, 또 돈도 돈대로 많이 벌면서 시간이 부족해서 고민이 많았다. '시간이나물질로나 두 가지 다 풍족해질 수는 없는 것일까?' 항상 고민했다.

그러면서 예금, 적금만 알던 내가 재테크, 투자를 시작했고, 결국은 답을 찾았다. 적어도 한국에서는 부동산 만한 투자처가 없는 것 같다. 아니 한국뿐만 아니라 외국을 보더라도 부동산을 놓고 재테크와 투자를 논할 수가 없다. 가상화폐, 주식 등 다양한 투자처가 존재하기는 하지만 투자자의 입장에서 '내 돈이 안전하게 지켜질 수 있는지', '확실히 다른 곳에 투자한 것보다 더욱 많은 수익 가능성이 있는지'를 놓고 본다면 부동산 만한 투자처가 없다는 것을 알게 되었다. 건물을 사든 토지를 사든 일단 부동산이었다.

주식도 돈 벌었다는 사람이 많지만 그 사람의 매년 평균 수익률을 놓고 따져 보자면, 부동산에 비해 그리 부러울 만한 수익률을 가진 사람들은 극히 소수이고, 이들이 하는 투자 방식은 일반인들이 하기에는 쉽지 않다. 무엇보다 시간 투자 또한 무시하지 못한다. 투자해놓고 기다릴 수 있는 부동산에 비해 경제적 효과를 별로 느끼지 못했다.

사실 일반 투자자들은 꿈에도 꾸지 못할 수익률을 자랑하는 투자를 할 수 있는 실력자라고 하더라도 부동산 투자를 빼놓을 수는 없을 것이라고 나는 말할 수 있다.

지금 부동산 투자를 막 시작한 초보 투자자라면 부동산 투자가 매우 어렵게 느껴질 수 있다. 토지 투자를 하려면 더 어려울 수 있다. 하지만 이렇게 어려운 만큼 남들도 어려워하고, 우리에게는 더욱 많은 기회가 될 수 있다는 것을 알았으면 좋겠다. 나는 정말 다양한 투자를 해왔고 또 공부해왔지만, 다른 투자처는 몰라도 부동산만큼은 정말 도전하기 잘했다고 생각한다. 정말 내가 노력한 만큼 결과물을 얻을 수 있는 분야이기 때문이다. 이렇게 책을 보고 공부하면 적어도 손해를 덜 보지 않겠는가? 그래서 이러한 노력과 도전이 우리 인생에서 의미 있는 것이다.

인생을 돌아보면서 잘 선택했다고 생각하는 것들이 몇 가지 있는데, 그중 한 가지가 바로 부동산 투자에 도전한 것이고, 부동산 중에서도 어렵다고 하는 토지에 먼저 관심을 가진 것이다. 나도 토지투자 왕초보이던 시절에는 정말 어려워서 헤매었다. 삽질이라고 생각하리만큼 무식하게 공부했고, 발품을 팔았던 것 같다. 많은 부동산회사들을 찾아다니면서 현장답사도 가보고, 또 속아가면서 공부했다. 그때의 노력이 현재 나에게 많은 가치가 되었다. 여러분도 이러한 시간을 가져보았으면 좋겠다. 적어도 의미 없는 도전은 아닐 것이다. 도전하다가 너무 어렵다면 나에게 도움을 요청해도 된다. 나는 노력하는 사람이 도움의 손길을 내민다면 흔쾌히 도와줄 의향이 있다. 도전하자!

# VI

# 토지 투자 초보자의
# Q&A 23

# 토지 투자 초보자가
# 가장 궁금해하는 Q&A 23

직접 토지 투자를 하며, 또 다른 이들의 토지 투자를 돕게 되면서 가장 많이 받았던 질문들을 정리해본다. 사실상 가장 좋은 방법은 실제로 토지 투자를 해보는 것이다. 내 돈이 걸려있는 문제이기 때문에 많이 배우게 되고 이렇게 배운 지식은 가장 오래 기억에 남는다. 덧붙여 말하자면 너무 많이 알아도 토지 투자를 못 하는 경우가 있다. 안타깝게도 몇몇 투자자들이 어설프게 알고 있는 지식으로 인해서 좋은 기회를 놓치는 경우를 보았다. 반대로 아예 토지 투자를 모르지만 제대로 된 토지 전문가를 만나서 10배, 20배 수익을 맛본 투자자들도 있다. 그러므로 우리는 이 장을 시작하기에 앞서 투자를 하는 이유를 먼저 다시 되새길 필요가 있다. 기억하기 바란다. 투자는 첫째도, 둘째도 돈을 벌기 위함이라는 것을……

**Q1** 토지 분석 방법을 알려주세요.

Ⓐ 사실 토지 투자 초보자로서 혼자 토지를 분석하려고 하면 땅을 사지 못하는 경우가 많습니다. 토지 분석 방법에 대한 자세한 것은 '자수성가 공부방'의 자료실에서 확인해볼 수 있습니다. 중요한 것은 땅의 입지이며, 땅의 모양, 높이는 두 번째 문제입니다. 돈이 되는 땅은 보통 개발 호재 등으로 공사를 하고 있다든가 완공을 앞둔 주변 땅을 사야 돈이 된다고 볼 수 있습니다. 가장 중요한 포인트는 '개발 여지가 있는 땅이냐?'라는 것입니다. 흔히들 토지 투자는 미래가치를 보고 투자하는 것이라고 합니다. 해당 지역이 어떻게 개발될 것인지 미리 그려보고 투자를 하는 것이지요. 지금 현재 어떤 개발 호재가 있고, 어떤 움직임이 있는지 파악하는 것이 토지 분석 방법의 핵심이라고 볼 수가 있겠습니다.

**Q2** 기획부동산 사기에 안 걸리려면 어떻게 해야 하나요? 토지 투자는 하고 싶은데 사기당하지는 않을까 걱정돼요.

Ⓐ 다른 전문가들은 어떻게 생각하는지 모르겠지만 저의 경우에는 토지 투자에 있어서 전문가를 고를 때 두 가지를 봅니다. 첫 번째, 믿을 만한 사람인가? 두 번째, 정말 수익이 날 땅을 볼 줄 아는 안목이 있는가? 어느 하나라도 부족하면 전

문가로서는 실격입니다. 안목이 있는 사람이라도 믿을 만한 사람이 아니라면 그가 추천하는 땅은 좋을 수가 없고, 안목이 없다면 이 역시 될지, 안 될지 모르는 땅에 배팅해야 할 것입니다. 그러므로 믿을 만한 사람인지, 안목이 있는 사람인지 헤아려보는 것이 좋습니다.

더 쉽게 구별하는 방법은 일반적으로 사기꾼들은 자신의 신분을 속이려고 하므로 가명으로 활동을 하거나 메신저에 자기 자신이 드러나지 않게 하는 등의 행동을 합니다. 이 부분을 주의 깊게 살피시면 좋겠습니다. 사기꾼들은 자기 자신들도 떳떳하지 않다는 것을 알기 때문에 언제든지 피할 여지를 두기 위해서 실명으로 활동하지 않는 경우가 많습니다. 가장 확실한 방법은 믿을 만한 전문가를 한 명 찾으면 이 모든 위험에서 벗어날 수 있습니다.

**Q3** 토지 투자를 하려는데 얼마나 걸릴까요?

Ⓐ 이것은 투자하는 지역마다 다릅니다. 그리고 토지 투자는 딱 '몇 년째에 얼마가 될 것이다.'를 단정 짓기 어렵습니다. 이것은 다른 투자처도 마찬가지인데, 가상화폐나 주식 또한 '언제까지 이만큼 오를 것이다.'라는 것을 일반적으로 단정할 수 없듯이 말입니다. 다만 투자 수익을 빠르게 맛볼 수 있

는 투자 방법은 투자 타이밍을 잘 잡는 것입니다. 토지는 무릎 가격일 때 사서, 어깨 가격일 때 팔라는 말이 있습니다. 투자자 마음에서는 최저가에 사고 싶기 마련이지만 그런 땅은 너무 오래 걸립니다. 그리고 최고가에 팔고 싶은 마음이 당연하지만 그때를 노리다가 팔 수 있는 타이밍을 놓치는 경우가 많습니다. 가격만 오르고 팔지를 못하면 어떨까요? 그래서 토지 투자는 무릎에 사서 어깨에 파는 것입니다. 정확한 투자 타이밍은 착공 직전에 투자해서 완공 직전에 파는 것이 가장 빠르게 투자 수익을 올릴 수 있는 방법입니다.

**Q4** 어느 지역에 투자하면 좋을지요? 토지 투자 유망지역이 궁금합니다.

Ⓐ 이 질문에 대한 답변은 투자하기 좋은 땅의 조건과도 같습니다. 다른 말로는 좋은 땅을 고르는 관점으로도 이해할 수 있겠습니다. 좋은 땅을 고르는 법에 있어서 다양한 방법, 요소들이 존재하지만 초보자는 신도시, 교통환경, 주거환경, 일자리 환경, 인프라 환경, 자연환경, 관광환경, 학군 환경이 좋아지는지를 살펴야 합니다. 이중에 조건이 하나만 맞아도 좋은 토지 투자 유망지역이라고 볼 수 있습니다. 땅이 좋은 투자처라고는 하나 모든 땅이 돈이 되지는 않습니다.

쉬운 예로 우리가 공기 맑고 값이 저렴한 시골 땅이 좋아서 구매한다고 하더라도 이 땅에 어떠한 직접적인 호재가 없는 말 그대로 그냥 시골 땅이라면 일반적으로 큰 수익을 기대하기는 힘든 것과 같습니다. 저 또한 예전에 '시골땅이 저렴하니 시골 땅을 구매하면 소액 투자로 돈을 벌 수 있겠구나.'라는 생각을 했었지만 직접적인 토지 투자를 시작하면서 잘못된 판단이었다는 것을 알게 되었습니다. 제가 분명히 말씀드릴 수 있는 것은 토지 투자에서 가치 없는 땅 100평 단 필지 투자보다 가치 있는 땅 1평의 지분 투자가 나을 때가 있습니다.

## Q5 토지 투자에 자격요건이 있는지요?

Ⓐ 토지 투자에 있어서 자격요건이 필요하지 않습니다. 다만 해당 토지를 구매할 수 있는 자금과 용기가 있어야 하겠습니다. 도전하지 않으면 아무런 결과도 얻을 수가 없듯이 토지 투자도 그렇습니다. 확실할 때 도전할 수 있는 것! 그 용기가 필요합니다.

## Q6 현금 유동성이 경직될 것인데, 이 부분 해소방법이 궁금합니다.

Ⓐ 저는 3가지를 제시합니다. 분산투자, 지속투자, 사업병행. '자수성가 공부방'에서는 이 3가지 방법을 제안하는데, 분산

해서 투자함으로써 보다 안전하게 여러 번의 수익 가능성을 높이고, 지속해서 투자함으로써 보다 자주 수익이 날 수 있게끔 하는 것입니다. 그리고 사업을 병행함으로써 추가소득을 꾀하는 것인데, '자수성가 공부방'의 도움을 받아 투자를 진행하게 되시면 무자본 창업까지 도움을 드려서 투자 외 사업 소득까지 올리고 계신 분들이 상당수 계십니다.

**Q7** 토지 투자 컨설팅회사를 왜 굳이 통해야 하는지 모르겠어요. 그냥 법원에서 경매로 토지를 낙찰받는 것이 훨씬 저렴하게 투자할 수 있지 않나요?

Ⓐ 이것은 반은 맞고 반은 틀린 이야기입니다. 확실히 좋은 유찰이 많이 되면 저렴한 값에 땅을 구할 수 있지만, 반대로 생각해서 그만큼 유찰되었다는 것은 많은 토지 전문가들이 보기에 그 땅은 투자가치가 없다는 뜻이기도 합니다. 일반적으로 법원 경매에 넘어가기 전의 물건들에 대한 정보를 토지 투자 컨설팅회사나 규모 있는 투자자들에게 먼저 정보가 알려지는데 많은 이들에게 선택받지 못한 땅이라고 하면 어떠할지 여러분들이 아실 것입니다. 우리는 투자자로서 저렴한 땅이 아닌 우선은 내가 투자한 금액보다 더 많은 수익을 가져다줄 수 있는 땅을 찾는 것이 우선이고, 그 후에 저렴한지 아닌지를 따지는 것이 좋을 것으로 보입니다.

## Q8 초보라 토지 투자를 어떻게 시작할지 막막합니다.

Ⓐ 운전을 배우는 것도 그렇지만, 토지 투자 또한 멘토, 전문가를 잘 만나셔야 합니다. 운전을 배울 때에도 돈 몇 푼 아껴보겠다고 검증되지 않은 강사들에게 교육을 받은 뒤 사고가 나면 오히려 수십 배나 더 많은 비용이 들게 되듯이 토지 투자도 그렇습니다. 좋은 전문가에게 조언을 받을 기회가 있음에도 단지 친하다는 이유로 검증되지 않은 사람에게 조언을 구한다거나 혼자서 투자를 진행하려고 하다가 돈이 묶이거나 목돈을 날리게 되는 경우를 많이 보아왔습니다.

다시 정리하자면 초보일수록, 더 효율적인 토지 투자를 하고 싶을수록 반드시 제대로 된 전문가, 믿을 만한 사람에게 조언을 구하시는 것이 답이라는 뜻입니다. 그것이 훨씬 더 수월하게 토지 투자를 하는 길입니다.

## Q9 기본지식이 궁금합니다.

Ⓐ 실제 토지 투자를 하려는 것이 아닌 '지금 당장은 공부만 해보겠다.'라고 하시는 분들의 경우에는 '자수성가 공부방'에서 진행하는 무료 특강에 참여하여 공부하실 것을 추천드립니다. 이외에도 부동산 투자 자료실을 통해서 이러한 기본지식을 쌓으실 수 있습니다.

**Q10** 실전 투자처를 알고 싶습니다.

Ⓐ 신도시, 역세권, IC, 항만, 산업단지, 관광단지 등 개발 호재가 있는 지역, 수도권 등 모든 요소들이 복합적으로 작용을 합니다. 돈이 되는 땅은 많으나 그중에서 무엇이 나에게 가장 효율적일 수 있는지 찾으려면 믿을 만한 전문가를 찾으시라고 조언드립니다. 토지 투자를 해보면 아시겠지만 공부만 하는 것보다는 직접 토지 투자에 임하면서 답사를 다녀보고, 계약서를 써보고, 내 이름으로 된 등기를 가지게 되면서 얻는 경험들이 더욱 값지다고 말씀드리고 싶습니다.

**Q11** 토지 관련 법에 대해서 궁금합니다.

Ⓐ 법의 경우에는 매년 달라질 수 있는 부분이므로 '자수성가 공부방'의 토지 투자 영상 강의 자료실에서 확인해보시는 것을 추천드립니다.

**Q12** 토지 투자 시 유의할 점이 궁금합니다.

Ⓐ 어느 분야에서나 그렇듯 토지 또한 말이 많은 분야입니다. 자칭, 타칭 전문가들끼리도 의견이 엇갈립니다. '토지 투자

를 할 때, 맹지 투자를 하지 마라.' vs '맹지도 잘 사면 돈이 된다.' 이런 식으로 말입니다. 어느 한쪽 편을 들 수 없는 것은 개인의 투자 스타일이 다르기 때문입니다. 어떤 이는 개발이 가능한 땅을 사서 직접 개발을 진행해서 땅값을 끌어올리려는 반면, 또 다른 이는 개발이 불가능한 땅이지만 해당 입지의 미래가치를 보고 투자를 하기도 합니다. 두 가지 경우 다 수익을 낸 사례가 있으므로 누가 옳다고 할 수 없는 것입니다.

투자자로서의 공통된 목적은 수익이기 때문에 돈을 벌었다는 것 자체가 틀린 선택은 아니라는 것이 저의 의견입니다. 그래서 확실한 전문가를 선택해서 도움을 받는 것이 중요하다고 봅니다. 물론 기본적인 공부는 선행되어야겠지요. 일반적인 사례에서 토지 투자 시 유의할 점은 '자수성가 공부방'에서 무료로 알려드리고 있습니다. 시대가 흐르면서 투자 방식이나 조심해야 할 부분들 또한 함께 변하고 있습니다.

**Q13** **확실한 수익이 나는 것을 원합니다.**

Ⓐ 앞서 말한 개발 호재들이 직·간접적으로 영향을 미치는 지역이고, 또 해당 지역 알맞은 위치의 땅에 투자했다면 수익이 날 수 있습니다. 다만 이 부분은 투자 타이밍 또한 중요하

게 작용을 합니다. 예를 들면 강남 땅이 좋다는 것은 대한민국 사람 누구나 알지만, 강남 땅이 최고의 토지 투자처라고는 말하는 전문가들은 드물 것입니다. 우리가 일반적으로 저평가 우량주에 투자해서 수익을 보는 것이지, 이미 값이 오를 대로 오른 곳에 투자한다면 초기 투자 비용도 많이 들뿐 아니라 오른다고 해도 다른 선택지에 비해서 그 오르는 폭이 만족스럽지는 않을 것입니다. 그러므로 개개인의 현재 투자 상황에 맞는 재테크를 하기 위해서는 믿을 만한 전문가에게 조언을 받거나 최소 수년간의 피나는 공부를 하셔야 합니다.

 **Q14** **수익성, 안전성, 입지 좋은 곳의 저평가된 토지를 어떻게 알 수 있을까요?**

Ⓐ 질문 10번의 답변과 동일합니다. 개발 호재가 영향을 미치는 곳이어야 하고, 현재 공사를 하는 등의 움직임이 보이는 땅, 무작정 저렴한 땅만 찾는 것이 아닌 해당 지역의 미래 모습을 상상해보고 해당 입지의 미래가치를 보는 것이 좋은 토지를 아는 방법이라고 할 수 있겠습니다. 쉽게 말해 '지금 내가 이 땅을 사지만, 나에게 토지를 사는 사람이 원하는 땅인가?'를 따져 보면 좋을 것입니다. 거기서부터 생각을 해본다면 땅이 너무 넓어서도 안 될 것이고, 등기 방법도 때로는 달라야 할 것입니다. 개인이 필요로 할 땅인가, 기업이 필요로 할

땅인가, 나라에서 필요로 할 땅인가에 따라 또 다르겠지요.

## Q15 투자된 토지의 효율적인 활용 방법은?

Ⓐ 먼저 투자된 토지가 어떤 지역, 어떤 입지의 토지냐가 중요할 것입니다. 건물을 올려야 좋은 땅이 있고, 화원이나 주말농장으로 가치가 있는 땅일 수도 있습니다. 때로는 아무것도 하지 않고 그대로 두어야 좋은 경우도 있을 것이고요. 이것 또한 경우의 수가 매우 방대하기 때문에 더 자세한 내용을 들어보아야 할 것 같습니다. 단지 투자 목적의 토지라면 굳이 개발 행위를 하지 않고 그대로 두는 것이 나은 경우도 많습니다.

## Q16 토지 투자에 관련하여 알아야 할 사항이 궁금합니다.

Ⓐ 토지이용계획확인서, 지적도, 토지대장, 등기부등본 이 4가지 서류를 확인해보시기 바랍니다. 그래도 보다 현명한 선택을 위해서는 토지 책 10권 이상 읽거나 그것도 여의치 않다면 '자수성가 공부방'에서 진행하는 무료 부동산 강의라도 듣고 투자하시는 것이 좋습니다. 별도로 비용이 들지 않는 작업이라고 하더라도 이러한 노력 하나하나가 투자 결과에

좋은 영향을 가져다줄 것입니다.

**Q17** 토지 투자에 대해 지식이 없어서 우선 기본지식과 이해를 쌓고 싶습니다. 어떻게 준비를 하면 좋을까요?

Ⓐ 좋은 생각입니다. 이미 시중에 토지 관련 책들과 인터넷에 많은 자료가 있습니다. 충분히 공부를 하시고 일정 수준이 지나면 어떤 부분이 맞고 틀린지 판단이 서기 시작할 것입니다. 그때부터 실전에 뛰어들면 분명 노력한 바에 대한 보상을 어느 정도 얻을 것이라 생각됩니다. 다만 잘못된 정보도 있으니 애매한 부분은 전문가를 통해 조언을 받으면서 공부하는 것도 좋습니다. 주변에 전문가가 없다면 '자수성가 공부방'에서 질문답변 무료 서비스를 받을 수 있으니 이용해보셔도 좋습니다. 어떤 것이든 이론적인 공부에서보다 실전에 임할 때 가장 많이 배우고, 또 배운 것이 오래 갑니다. 그러므로 너무 오랜 기간 공부만 하는 것보다는 적정한 때가 되면 과감하게 투자에 임하는 것도 필요하다고 봅니다.

**Q18** 토지 투자도 갭투자가 가능한가요?

Ⓐ 일반적으로 갭투자는 건물 투자에서 적용이 됩니다. 대출과 보증금으로 건물의 값을 치르고 남은 작은 갭에 투자를 하는

것이지요. 일반적으로 토지도 이러한 갭투자가 가능하지만 결국은 건물을 짓거나 이미 지어진 건물에 투자해야 합니다. 그래야 보증금을 받고 갭투자에 임할 수 있으니까요. 내가 투자하고자 하는 지역, 입지의 땅이나 건물을 보고 투자하시되, 이때 투자할 땅은 건축 등의 내가 원하는 행위가 가능한지를 확인하고 투자를 해야 갭투자가 가능합니다. 더 자세한 내용은 들어보아야 하겠지만, 현재 가진 자금에 따라 갭투자가 유리한지, 아니면 아예 직접 개발을 하지 않고 투자하는 것이 유리한지 나뉘게 됩니다. 토지 투자는 비용적인 측면에서만 볼 것이 아니라 노력이나 기회비용 등도 따져 보아야 하므로 무작정 갭투자가 좋은 것이 아니라는 것만 말씀을 드리고 싶습니다.

**Q19** **소액으로 공동투자 계획이 있는지요?**

Ⓐ '자수성가 공부방'에서는 주기적으로 소액 투자반을 운영하고 있습니다. 투자를 원하신다면 미리 '자수성가 공부방'에 무료 가입하여 공부하시면 좋은 기회가 있을 것입니다. 바로 토지 투자를 원하신다면 '자수성가 공부방'의 연회원에 가입하시면 관련된 모든 도움을 받으실 수 있습니다.

**개발이 이루어질 땅을 미리 아는 법이 있나요?**

Ⓐ 국내에서는 선 계획, 후 개발 형식으로 개발이 진행되고 있습니다. 저의 경우를 예로 들자면 국토종합계획을 확인하고, 수도권 정비계획을 보고, 서해안권 발전 종합계획 그리고 투자하고자 하는 지역의 지자체 도시기본계획을 확인해서 교집합이 되는 부분을 찾아서 교통과 철도망 그리고 좋은 일자리들이 생길 곳을 찾습니다.

**Q21 토지 투자를 하면서 손해 보지 않는 방법이 궁금합니다.**

Ⓐ 토지 투자에 있어서 손해를 보지 않으려면 그만큼 발품을 많이 팔아야 합니다. 세상만사가 다 그렇지만 백전백승의 경우는 없고 수익확률을 높이는 것은 얼마든지 가능할 것입니다. 흔히들 토지 투자는 10번 중 2~3번만 수익이 나도 대박이라고 합니다. 잘 선택한 알짜배기 땅 하나가 다른 투자에서 잃은 손실을 만회하고도 남는 경우가 꽤 많기 때문이 아닐까 합니다.

토지는 평균 공시지가만도 지난 50년간 3,000배가 뛰었으니 정말 제대로 된 땅을 잡는다면 이러한 일이 얼마든지 가능한 것이지요. 물론 이러한 모든 것들도 정확한 정보 위에서 안전한 투자가 가능합니다. 토지 투자에 있어서 손해 보지 않는 방법을 정리해드리자면 첫째는 공부, 둘째는 믿을 만한 전문가를 찾는 것입니다. 혼자 공부하는 것으로 해결되지 않는 문제가 있다는 것을 직접 투자를 하면서 느낍니다. 어려운 문제가 닥치거나 불안할 때마다 정보의 사실 여부가 불확실한 인터넷 자료들을 믿기에는 나의 종잣돈이 너무 소중하기 때문입니다. 책만 보더라도 여기저기에서 하는 말이 다르기도 합니다. 그러므로 확실한 기준을 세워줄 수 있는 믿을 만한 전문가를 꼭 만나시기를 바랍니다.

 **토지 투자를 잘하는 방법과 토지 투자를 활용하여 부자가 될 수 있는 방법이 궁금합니다.**

Ⓐ 토지 투자를 잘하는 방법은 앞서 답변드린 것들로 정리가 되었을 것입니다. 하지만 내가 토지 투자를 활용해서 부자가 되려고 한다면 조금 다르게 생각을 하는 것이 좋겠다는 생각입니다. 제가 수많은 투자처 중에서 굳이 토지 투자를 하는 이유는 안전하면서 수익 가능성이 높고, 시간이 크게 들지 않기 때문입니다. 개발 호재가 분명하고 좋은 땅이 분명함에도 불구하고 저는 이 땅이 몇 월 며칠 몇 시에 제가 원하는 금액 이상으로 누군가가 저에게 땅을 산다고 '토지매수 의향서'를 보낼지 모릅니다. 이것은 다른 투자처도 같습니다. 그

러므로 말 그대로 '투자', 확실한 곳에 돈을 던져 놓고 저는
사업을 합니다. 내가 사업을 하면 언제쯤 어떻게 부자가 되
겠다는 명확한 계획이 서고 실천만 하면 계획한 그 시점에
그대로 될 확률이 투자보다도 더 높다고 생각합니다. 그래서
저는 '자수성가 공부방'을 통해 토지 투자를 하는 분들을 대
상으로 투자에서만 그치는 것이 아닌, 사업의 기회도 무료로
제공하고 있습니다. 실제로 '자수성가 공부방'에서 사업의
기회를 얻어서 사업을 시작하고, 불과 3개월 만에 현금 2천
만 원을 마련하시거나 매달 100~300만 원의 추가소득을 올
리는 등의 성과가 나오고 있습니다.

**Q23** **저는 재테크 자체가 처음입니다. 무엇부터 시작하면 좋을까요?**

Ⓐ 일단 '자수성가 공부방'에 가입하여 매주 진행하는 무료 특
강에 참여해보시는 것이 좋습니다. 공부해서 재테크 지식을
늘리고, '자수성가 공부방'에서는 정기적으로 투자처 정보를
드리고 있으니 기회가 있을 때 확인하여 도전하실 수 있습니
다. 재테크가 처음이라면 재테크 컨설팅을 받아보셔서 대략
적인 그림을 그려보는 것도 좋습니다. 재테크 컨설팅도 무료
서비스가 있으니 인터넷 주소창에 www.leeseungju.com/
money 입력하시면 무료로 신청 가능합니다.

제가 느끼건대 토지 투자야말로 사업가들에게 가장 적합한 투자처가 아닐까 싶습니다. 정확한 정보를 알고 투자했을 때 안전하면서 수익 가능성은 여느 투자처보다 높아집니다. 또 무엇보다 시간이 들지 않기 때문에 투자자로서 투자처에 신경을 쓸 필요가 없습니다. 그러므로 내 사업에 집중할 수 있는 여지가 더욱 많아지므로 더욱 성공 가능성은 높아집니다. 저는 그래서 토지 투자와 함께 사업을 하고 있습니다. 덧붙여 '자수성가 공부방'에서는 제가 13년간 공부하고 실제 10년간 창업하며 얻은 값진 자수성가로 부자가 되는 방법들을 무료로 공유하고 있습니다. 가입하시면 이 질문에 대한 해답이 보이기 시작할 것입니다.

# 초보에겐 생소한 단어 풀이

- 가등기 - 곧 행해질 본등기에 대비해 미리 그 순위 보전을 위해 하는 예비적 등기를 말함. 이 가등기가 행해진 후 본등기가 성사될 경우 본등기의 순위 는 가등기의 순위로 소급됨.
- 강제수용 – 강제로 수용되는 땅의 소유자에 대한 토지보상 방식.
- 개발 호재 – 토지나 천연자원 따위를 유용하게 만들 좋은 정보나 소식.
- 개발진흥지구 – 주거기능, 상업기능, 공업기능, 유통물류기능, 관광기능, 휴 양기능 등을 집중적으로 개발·정비할 필요가 있는 지구를 말함. 중심기능 에 따라 주거개발진흥지구, 산업개발진흥지구, 유통개발진흥지구 등으로 분류한다.
- 개별공시지가 – 표준지공시지가로 산정한 개별토지의 평방미터당 가격.
- 건축물대장 – 건물의 소재·번호·종류·구조·건평, 소유자의 주소·성명 등을 등록하여 건물의 상황을 명확하게 하는 장부.
- 건폐율 – 대지면적에 대한 건축면적(대지에 건축물이 둘 이상 있는 경우에는 이들 건 축면적의 합계)의 비율을 의미한다.
- 계약갱신청구권 – 토지임대차에 있어서 그 기간이 만료한 경우 건물·수목 기타의 토지시설이 현존할 때에 지상권자 또는 토지임차인이 지상권설정

자 또는 임대인에 대해 계약의 갱신을 청구할 수 있는 권리.

- 공공공지 – 시·군 내의 주요 시설물 또는 환경의 보호, 경관 유지, 재해 대책, 보행자의 통행과 주민의 일시적인 휴식공간 확보를 위하여 설치하는 시설을 의미한다.

- 공공주택지구 – 공공주택 공급을 위해 공공주택이 전체 주택의 50/100 이상이 되도록 '공공주택 특별법'에 따라 지정·고시하는 지구를 의미한다.

- 공동지분 등기 – 한 사람이 아닌 다수가 공동으로 등기된 것을 말한다. 다른 지분 소유자의 동의를 얻어야 팔거나 사용할 수 있고 수익을 창출할 수 있다.

- 공유지분 등기 – 한 사람이 아닌 다수가 각자의 지분만큼 등기된 것을 말한다. 내 지분만큼 사용, 처분할 수 있고 수익을 창출할 수 있다. 주식처럼 내 지분만큼 사고팔 수 있는 것으로 생각하면 쉽다.

- 공익용 산지 – 보전산지 중 하나로 임업 생산과 함께 재해방지·수원보호·자연생태계보전·산지경관 보전·국민보건휴양 증진 등의 공익기능을 위하여 필요한 산지로서 산림청장이 지정하는 산지.

- 공지 – 집이나 밭 따위가 없는 비어 있는 땅.

- 구거(溝渠) – 용수, 배수를 위해 일정한 형태를 갖춘 인공수로와 둑 등 부지와 자연의 유수가 있을 것으로 예상이 되는 소규모 수로 부지.

- 국책사업 – 사회, 경제 등의 필요성에 따라 해결해야 할 연구 개발 과제 중 국가가 그 목표를 설정하여 관리·추진하는 대규모 연구 개발사업.

- 권리분석 – 권리조사라고도 하며, 부동산의 권리 및 관계 등에 하자가 있는지 여부를 조사, 확인, 분석하는 작업. 부동산 거래 시 매수인이 인수하는 소유권 등의 권리가 안전한지 알아보려면 해당 물건의 부동산등기부, 토지대장, 임야대장, 건축물대장 등을 열람하거나 등·초본 등을 발급받아 확인한다.

- 그린벨트 - 개발제한구역이라고도 하며, 도시의 무질서한 확산을 방지하고, 자연환경을 보전하기 위해서 도시개발을 제한하도록 지정한 녹지대.
- 기입등기 - 새로운 등기 원인에 기하여 특정한 사항을 등기부에 새롭게 기입하는 등기.
- 기획부동산 - 부동산 투자를 개인이 아닌 기업이 이익을 추구하기 위해서 부동산 상품을 기획해서 판매하는 것. 정확한 명칭은 부동산 서비스 컨설팅이다.
- 나지(裸地) - 나대지라고도 하며, 토지 위에 건축물이나 나무나 풀이 없이 흙이 그대로 드러난 땅.
- 농지 임대 수탁사업 - 직접 농사를 짓기 어려운 농지 소유자로부터 임대위탁을 받아 농가나 농업법인에 임대하는 방식이다. 농지은행이 임차료를 받아 수수료를 공제하고 소유자에게 임대료를 지급한다.
- 농지은행(農地銀行) - 영농 규모화, 농지 이용의 효율화 등을 위해 농지를 확보(매입, 임차)하여 농지를 필요로 하는 농업인에게 제공(매도, 임대)하는 농지관리기구.
- 대지(垈地) - 건축물을 건축할 수 있는 땅. 건축물을 건축하려면 대지 경계 2m 이상 도로에 접해 있어야 함.
- 대토(代土) - 강제로 수용되는 땅을 돈으로 보상받는 것이 싫다면 수용되는 토지의 반경 20km 내의 다른 토지로 대신해서 받는 것으로 취득세가 면제된다.
- 등기사항전부증명서 - 등기기록에 기록된 사항의 전부를 증명하는 증명서. 말소된 등기사항이나 현재 유효사항 등을 기록하여 발급받을 수 있다.
- 레버리지leverage - 'leverage'란 지렛대를 의미한다. 지렛대를 이용하면 실제 힘보다 몇 배 무거운 물건을 움직일 수 있듯이 금융에서는 실제 가격변동

률보다 몇 배 많은 투자수익률이 발생하는 현상을 지렛대에 비유하여 표현한 것.

- 맹지(盲地) – 도로에 직접 연결되지 않은 토지.
- 문화재보호구역 – 지상에 고정된 유형물이나 일정한 지역이 문화재로 지정된 경우 해당 지정문화재의 점유 면적을 제외한 지역으로 그 지정문화재를 보호하기 위하여 '문화재보호법'에 따라 지정·고시된 구역을 말한다.
- 민간투자사업(민자사업) – 정부 몫이었던 도로, 철도, 학교, 하수시설 등 사회기반시설을 민간이 대신하여 건설·운영하는 사업.
- 보전임지(保全林地) – 산림의 이용목적에 따라 산림을 이용할 수 있는 용도지역.
- 부지(敷地) – 건물건축 및 도로를 만들기 위한 토지.
- 분묘기지권 – 남의 땅을 묘지로 쓰더라도 일정한 조건이 되면 땅의 원래 주인도 그 묘를 어떻게 하지 못하는 법.
- 비오톱biotope – 비오톱은 그리스어로 생명을 의미하는 '비오스bios'와 땅 또는 영역이라는 의미의 '토포스topos'가 결합된 용어로, 인간과 동식물 등 다양한 생물종의 공동 서식장소를 의미한다. 부동산 시장에서 자주 등장하는 용어로 가로수, 숲, 하천, 습지처럼 다양한 생명체들이 공동체를 이루어 서식하는 생태공간으로 개발과 건축이 굉장히 까다롭고 승인이 나지 않는 경우가 많다.
- 선하지 – 토지 위에 고압선이 가설되어 있는 토지로 이용 및 거래의 제한을 받는 경우가 많다.
- 성토(盛土) – 토지에 흙을 쌓아 올리는 것으로 부지조성, 제방 쌓기 등을 위해 다른 지역의 흙을 운반하여 지반 위에 쌓는 것.
- 소급권리분석 – 현재 소유권에 대한 문제뿐만 아니라 최초의 소유권등기인 소유권보존등기, 보존등기 이후에 현재 소유권까지의 여러 소유권이전등

기에 문제가 없는지를 전부 확인해보는 것.

- 소유권이전청구권 – 채권 보전을 목적으로 한 담보 가등기를 신청할 때 작성하는 문서.
- 소지(素地) – 택지로 개발하기 전의 자연 상태 그대로의 토지.
- 역세권(驛勢圈) – 지하철이나 기차역을 중심으로 보통 500m 반경 내외의 지역을 지칭하는 용어. 도보로는 5~10분 소요되는 거리에 있는 지역을 역세권, 도보 5분 미만으로 소요되는 지역을 초역세권이라 한다. 역세권은 부동산 가격을 결정하는 데 있어 중요한 요소가 된다.
- 완충녹지 – 대기오염이나 소음, 진동, 악취 등 공해와 자연재해, 사고가 생길 우려가 있는 지역과 주거지역, 상업지 등을 분리할 목적으로 두 지역 사이의 환경 영향을 최소화하기 위해 설치하는 녹지.
- 용도변경 – 건축물이나 임야, 토지 등의 용도를 타 용도로 변경하는 행위.
- 용도지역 – 도시관리계획으로 결정하는 지역.
- 원형지(原形地) – 간선도로와 상·하수도 등 기초적인 기반시설만을 갖추고 조성 계획 없이 미개발 상태로 공급하는 토지. 그만큼 땅값이 싸고 원하는 대로 개발할 수 있는 이점이 있다.
- 이행지 – 택지지역·농업지역·임지지역 내에서 세부지역 간 용도가 전환되고 있는 토지를 말한다.
- 임야(林野) – 지목의 종류 중 하나로 산림 및 들판을 이루고 있는 숲, 습지, 황무지 등의 토지.
- 임장(臨場) – 부동산을 사려고 할 때 직접 해당 지역에 가서 탐방하는 것을 말한다. 발품 판다는 것과 같은 뜻으로 관심 지역의 주변 시세나 인프라, 교통, 편의시설, 학군, 지역 분위기 등 궁금했던 점과 필요한 정보를 직접 가서 알아보는 행위.

- 입지(立地) – 어떤 기능을 하는 시설이나 주택 등을 세우기 위해 선택하는 장소로 위치와 접근성을 뜻함.
- 입체환지(立體換地) – 잘 정리된 땅으로 돌려받는 환지와 비슷하지만 개발된 땅만을 주는 것이 아니라 토지 대신 새로 건축되는 건물 일부와 그 부지의 공유지분을 주는 방식.
- 절대농지(絶對農地) – 공공투자에 의하여 조성된 농지, 농업기반이 정비된 농지, 집단화된 농지로서 농림부장관이 고시하는 농지.
- 절토(切土) – 평지나 경사면을 만들기 위하여 토지의 흙을 깎아내는 일.
- 조정대상지역 – 부동산 시장 과열을 막기 위해 정부가 주택법에 근거해 지정하는 지역을 말한다.
- 지구단위계획구역 – 도시·군 계획수립 대상 지역의 일부에 대해 토지이용을 합리화하고, 그 기능을 증진시키며, 미관을 개선하고, 양호한 환경을 확보하고, 그 지역을 체계적·계획적으로 관리하기 위하여 결정·고시된 구역을 의미한다.
- 지목(地目) – 토지 용도에 따라 종류를 구분해 지적공부에 등록한 명칭.

| 지목 | 부호 | 이용상태 | 지목 | 부호 | 이용상태 |
|---|---|---|---|---|---|
| 전 | 전 | 밭 등 | 철도용지 | 철 | 철도, 선로 등 |
| 답 | 답 | 논 등 | 제방 | 제 | 제방, 둑 등 |
| 과수원 | 과 | 과수원 등 | 하천 | 천 | 하천 등 |
| 목장용지 | 목 | 목장, 초지 등 | 구거 | 구 | 수로, 도랑 등 |
| 임야 | 임 | 임야 등 | 유지 | 유 | 저수지, 댐 등 |
| 광천지 | 광 | 온천 등 | 양어장 | 양 | 양어장부지 등 |
| 염전 | 염 | 염전 등 | 수도용지 | 수 | 수도선로 등 |
| 대 | 대 | 주택, 상가 등 | 공원 | 공 | 공원부지 등 |
| 공장용지 | 장 | 공장부지 등 | 체육용지 | 체 | 체육시설부지 등 |
| 학교용지 | 학 | 학교, 운동장 등 | 유원지 | 원 | 유원지 등 |
| 주차장 | 차 | 주차장부지 등 | 종교용지 | 종 | 교회, 사찰 등 |
| 주유소용지 | 주 | 주유소부지 등 | 사적지 | 사 | 문화재부지 등 |
| 창고용지 | 창 | 창고부지 등 | 묘지 | 묘 | 묘지부지 등 |
| 도로 | 도 | 도로 등 | 잡종지 | 잡 | 기타 |

- 지분 투자 – 공유물이나 공유재산에서 공유자 각각의 몫을 투자하는 일로 하나의 토지를 여럿이 나누어 갖는 일.
- 지적공부(地籍公簿) – 지적을 명확히 하기 위하여 작성된 토지대장, 임야대장, 지적도, 임야도, 수치 지적부 등의 서류를 통틀어 이르는 말.
- 지적도(地籍圖) – 지적공부의 하나로 토지의 소재, 지번, 지목, 경계, 도면의 색인도·제명 및 축척, 도곽선 및 도곽선 수치, 좌표에 의하여 계산된 경계점간 거리 등이 등록되어 있다.
- 지적불부합지 – 지적공부상의 내용이 실제와 다른 토지를 통틀어 뜻하는 것.
- 총유 – 종교나 동창회 등으로 단체 명의로 된 등기 방식.
- 택지개발지구 – 주택종합계획 중 주택·택지의 수요·공급 및 관리에 관한 사항에서 정하는 바에 따라 택지를 집단적으로 개발하기 위해 필요한 지역을 대상으로 지정한 지구.
- 택지(宅地) – 주거용 또는 부수적인 건물의 건축용지로 이용할 수 있는 토지.
- 토지대장 – 토지에 대한 모든 정보가 나와 있는 서류로 토지 면적부터 지목, 소재, 지번, 해당 소유자의 정보, 명칭 등이 기록되어 있다.
- 토지이용 계획서 – 토지 매수인의 인적사항과 함께 토지의 소재지 및 용도지역, 면적, 공작물 현황 등을 구체적으로 작성되어 있다.
- 토지이용계획확인서 – 해당 토지에 대한 지역·지구 등의 지정 및 행위 제한에 관한 내용과 토지거래계약에 관한 허가구역 등에 대한 확인서류.
- 투기지역 – 2003년부터 도입된 제도로, 부동산가격 상승률 등을 감안하여 기획재정부 장관이 '부동산가격안정심의위원회'의 심의를 거쳐 지정한다. 투기지역으로 지정되면, 이 지역에 소재하는 부동산의 경우 양도소득세를 기준시가 대신에 실거래가로 부과하고, 탄력세율까지 적용해 세금을 무겁게 매기게 된다.

- 포락지(浦落地) – 지적공부에 등록된 토지가 물에 침식되어 수면 밑으로 잠긴 토지. 물에 의한 침식으로 인해 수면 아래로 잠기거나 하천으로 변한 토지.
- 필지(筆地) – 구획된 논이나 밭, 임야, 대지 따위에 하나의 지번이 부여된 토지의 등록단위.
- 합병 – 지적공부에 등록된 2필지 이상의 토지를 1필지로 합쳐서 등록하는 것.
- 혁신도시 – 지방이전 공공기관과 지역 내 산·학·연·관 사이의 네트워킹을 통해서 혁신을 창출하고 이를 확산시켜 지역발전을 견인하는 지역거점으로 '혁신도시 조성 및 발전에 관한 특별법'에 따라 개발하는 미래형 도시를 의미한다.
- 현황권리분석 – 현재 소유권에 문제는 없는지 확인하는 것으로 보통 부동산 매매를 할 때 현재 소유자가 정말 소유자가 맞는지 확인하는 절차.
- 환매등기(還買登記) – 정부에 수용당한 재물 또는 매도한 재물에 대해 원래의 소유자가 다시 매수할 수 있는 권리인 환매권이 설정되어 있다고 표시하는 등기.
- 환지(換地) – 수용되는 내 땅의 토지를 다시 보상받는 것을 말한다. 어지러운 단 필지 단위의 땅을 네모반듯하게 잘 정리된 땅으로 돌려받는 것.
- 환지개발 – 사업시행 이전의 토지 여건을 고려하여 사업시행 이후 새로이 조성된 대지에 기존의 토지 소유권을 그대로 이전시키는 개발방식.
- 획지(劃地) – 토지 소유권의 범위와 상관없이 가격 수준이 비슷한 토지의 단위 면적. 획지가 경제적, 토지 이용상의 개념이라면 필지는 법률적 개념.
- 후보지(候補地) – 임지지역, 농지지역, 택지지역 상호간에 다른 지역으로 전환되고 있는 지역의 토지를 말한다.
- CMA Cash Management Account – 예탁금을 어음이나 채권에 투자하여 그 수익을 고객에게 돌려주는 실적배당 금융상품.

- MMF<sup>Money Market Funds</sup> – 투자신탁회사가 고객의 돈을 모아 단기금융상품에 투자하여 수익을 얻는 초단기금융상품.

- NPL<sup>Non Performing Loan</sup> – 땅 주인이 은행에 돈을 빌렸다가 정상적으로 돈을 갚지 못하게 되었을 때 생긴 부실채권, 은행에서 회수하지 못한 대출금을 말함. 은행은 대출금이 연체되고 3개월이 지나면서 담보로 잡은 땅을 강제로 파는 절차를 밟게 된다.

- TOD<sup>Transit Oriented Development</sup> 개발 – 대중교통과 토지이용을 연계하여 대중교통 중심의 고밀 개발을 유도하는 도시개발 방식. 도심 중심부에서 500m 내외의 보행거리 내 주거, 상업, 업무, 오픈스페이스, 공공시설 등의 토지이용이 복합화된 커뮤니티를 형성하는 것.